Herstellung: Books on Demand GmbH

ISBN 3-8311-1340-8

Das Sonntagskind

Tagebuch einer Mutter

Vorwort zum Buch „Das Sonntagskind" von Frau Franziska Burner

Für viele Hinterbliebene von Unfallopfern und plötzlich Verstorbenen stellt sich die große Aufgabe der Bewältigung eines solchen Ereignisses.
Es muß von den Angehörigen eine jahrelange Trauerarbeit geleistet werden. Im Erinnern an das jeweilige schicksalshafte Ereignis liegt die Chance sich mit den gebliebenen Träumen auseinanderzusetzen und über die schmerzenden Wunden hinweg zu kommen. Nur wer sich an seine verlorenen Paradiese erinnert und sich erlaubt, um sie zu trauern, kann mit sich selbst einigermaßen versöhnt leben.

Frau Burner bewegt sich folglich auf einer ausgesprochen heilsamen Spur, wenn sie vom Tod ihres Sohnes Vinzenz erzählt und dabei nachgeholte Erinnerungs- und Trauerarbeit leistet. Für ihr großes Bemühen ist ihr aus seelsorgerischer Sicht zu danken, ja dieses Buch hat Vorbildcharakter für viele Angehörige in ähnlichen Situationen.

Als Seelsorger bin ich sehr dankbar für diese geleistete Arbeit und wünsche, daß dieses Buch in der Bevölkerung eine große Resonanz findet.

Wittibreut am Fest Allerseelen 2000

Ludwig Samereier, Pfarrer

Auf dem Hügelland, zwischen Rott und Inn liegt unser Bauernhof. Dort draußen geht das Leben einen stillen Gang. Der Tagesablauf wird von der Bauern- und Hausarbeit bestimmt und von Ereignissen, wie Hochzeiten, Taufen und Beerdigungen.

Als besonders schönes Ereignis gilt ein Firstbier (heute sagt man „Hebefeier") beim Bau eines neuen Gebäudes. Das aber sind die großen Ausnahmen, die dann auch gebührend gefeiert und begossen werden, so wie es Brauchtum und Sitte verlangen.

Hier kam am 28. Januar 1962 unser zweiter Sohn Vinzenz zur Welt. Von seinen wenigen Jahren, die er bei uns war, will ich hier erzählen. Lange hat es gedauert, bis ich den Mut und die Kraft fand meine Kummerzettel zu ordnen und aneinander zu fügen. Bis sie zum Buch: „Das Tagebuch einer Mutter" geworden sind. Mit diesen Zeilen will ich die Erinnerung an meinen Sohn wahren, denn es gibt keine Nachkommen, die sein Andenken an ihn pflegen würden. Es wird keinen Sohn und keine Tochter geben, die im Fotoalbum blättern und sagen: „Das da oder das war unser Vater..."

Die Sommer bei uns sind heiß und wenn der Ostwind weht, sagen wir „das Wetter bleibt schön". Mit den Jahreszeiten kommen nach unseren langen, schneereichen Wintern die Blumen zurück. Ende März blühen vereinzelt Schneeglöckchen, Buschwindröschen jedoch in großer Fülle und auch die Schlüsselblumen findet man überall an den Rainen und in den

Wiesen. Etwas später im April steckt der Löwenzahn im Gras seine Lichter auf. Ich mag ihn besonders, weil er mich an meine Lieblingsblume, die Sonnenblume erinnert. Außerdem ist der Löwenzahn ein sehr gutes Bienenfutter und wir halten Bienenstöcke auf dem Hof. Schon seit der Hochzeit meiner Schwiegermutter 1931 sind Bienen auf dem Hof. Mit ihrem Kammerwagen (das ist für alle die es nicht wissen) die Mitgift, kam der erste Imp im Strohfaß nach Piering.

Es war ein Sonntag, dieser 27. Februar 1983. Die Sonne schien und nur noch an den Nordseiten des Hügellandes lagen Reste des alten Schnees, aber er begann schon abzutauen. Mann konnte sich vorstellen, das bald, sehr bald, die ersten Blumen blühen würden.
Wer hätte im mindestens ahnen können, was dieser Vorfrühlingstag, außer dem Südwind, der schon die ganze Nacht orgelte, mit sich bringen würde. Alles lief seinen gewohnten Gang. Wir taten wie jeden Morgen die Routinearbeit im Stall. Anschließend gab es ein gemeinsames Frühstück der ganzen Familie.

Nun, weil ich gerade beim gemeinsamen Frühstück bin, will ich Sie mit meiner Familie bekannt machen.

Da ist Vinzenz mein Mann, dessen Mutter und unsere Söhne Hermann und Vinzenz. Hermann war damals vierundzwanzig Jahre und seit fünf Monaten verheiratet. Deshalb hatte sich unsere kleine Familie um meine Schwiegertochter Marianne erweitert. Sie war vom ersten Augenblick an wirklich ein Glücksfall für unsere Familie.

Eine Tochter hatte ich mir schon immer gewünscht, aber zwei Söhne bekommen. Bei uns sagt man zu Frauen, die nur Söhne haben, wenn du etwas wartest, kommen die Mädchen von alleine. Nun wurde mir dieser Wunsch erfüllt. Darüber war ich sehr glücklich. An diesem Sonntag fuhren unsere jungen Leute nach dem Frühstück nach Kösslarn zur Kirche. Das ergab sich so, da eine Bekannte für sie neue Trachtenjacken strickte, die zur Anprobe fertig waren.

In der Zwischenzeit fing ich mit den Vorbereitungen für das Mittagessen an. Kochen gehört seit jeher zu meinen Hobbys. Ich empfinde es nicht als Arbeit, sondern es macht mir ausgesprochen Freude. Besonders an Sonntagen, wenn sich die ganze Familie am Tisch zusammenfindet, weil man etwas mehr Zeit hat, war für mich immer wie ein kleiner Festtag. Ich verwöhnte meine Familie sehr gern. An jenem Tag gab es Rindsgulasch mit Reis und Blattsalat. Und als Nachtisch eingeweckte Williams Christ Birnen mit Ananas verfeinert. Diese Mischung war bei uns allen sehr beliebt.

Kurz vor zwölf kamen alle wieder zurück und wir setzten uns um den großen Tisch. Das Tischgespräch war unterhaltsam, fröhlich und sehr ungezwungen. Es war ein Sonntag, wie wir ihn schon viele erlebt hatten und nichts, gar nichts deutete darauf hin, daß diese glückliche Welt in ein paar Stunden schon für immer zerbrechen sollte. Und so seltsam es klingen mag, aber für viele Jahre noch, konnte ich keines der Gerichte kochen, die wir an jenem Sonntag gegessen hatten.

Nach dem Mittagessen fuhr Vinzenz ins nahe gelegene Ulbering zum Fußballtraining. Meine Schwiegertochter und ich erledigten gemeinsam den Abwasch. Sie erzählte mir von den Strickjacken und von Kösslarn, da wir beide aus der Nähe dieses Ortes stammten. Ich war müde. Mich strapazierte ein wenig der Föhn und die Frühjahrsmüdigkeit und deshalb legte ich mich nach der Arbeit, (das war eigentlich eine große Ausnahme) ein wenig in mein Bett. Normalerweise hielt ich es eher mit dem Gedanken, daß ein Sonntag, an dem die Arbeit ein wenig eingeschränkt wurde, viel zu wertvoll war, um ihn vielleicht zu verschlafen. Kaum hatte ich mich hingelegt, fiel ich in einen tiefen, traumlosen Schlaf. Ich schlief so fest, daß ich später oft dachte, Gott hätte mir noch die nötige Kraft für die nächste Zeit zukommen lassen.

Lautes Hupen und Rufen schreckte mich jäh aus dieser erquickenden Ruhe. Verärgert sprang ich aus dem Bett, doch da hörte ich vom Hausgang her laute, aufgeregte Stimmen. Und obwohl ich kein Wort verstehen konnte, begriff ich sofort, daß etwas Furchtbares geschehen sein mußte. Es war eine gute Bekannte, die uns die Unglücksbotschaft brachte.

Ich höre es noch immer, wie sie ohne einen von uns anzusehen sagte „und dann ist Vinzenz über die Kreuzung gefahren, er kann den anderen nicht gesehen haben, nein, er kann ihn nicht gesehen haben. Vinzenz ist schwer verletzt, aber er lebt, verstehst du, er lebt. Ich verstand es sehr gut, daß Vinzenz lebte, aber ich verstand auch, daß es sehr schlimm um ihn stehen mußte, wenn die Frau, diesen Umstand, daß er noch lebte, so ausdrücklich betonte.

Als wir an die Unfallstelle kamen, war schon alles Nötige in die Wege geleitet worden. Ein in der Nähe wohnender Kinderarzt war sofort zur Stelle und hatte erste Hilfe geleistet. Es dauerte nicht lange bis zum Transport ins Kreiskrankenhaus Pfarrkirchen. Vor dem Operationssaal warteten meine Schwägerin und ich auf Nachricht vom Arzt. Endlos lang war die Zeit. Eine Schwester brachte eine Plastiktüte mit den Kleidungsstücken meines Sohnes. Ich weiß noch, daß mich dann meine Schwägerin fragte: „Soll ich die Tüte mitnehmen?"
Dankbar gab ich sie ihr. Lange Zeit später dann, sagte sie einmal, daß der Trainingsanzug kreuz und quer zerschnitten gewesen war. Ich habe meine Schwägerin nie gefragt, was aus dem Trainingsanzug geworden ist... Der Gedanke alleine tat mir so weh und ich hätte dieses Kleidungsstück niemals in die Hand nehmen können. Denn es war das letzte Mal, daß Vinzenz als gesunder Mensch das Haus verließ, um Fußball zu spielen und so vieles geschah damals zum letzten Mal...

Endlich kam er Arzt und sprach mit uns ein paar Worte, aber wir verstanden nicht was er sagte, wir wußten genauso viel wie vorher. Daß die Verletzungen Vinzenz sehr sehr schlimm waren, das verstanden wir wortlos. So endete dieser Sonntag, der so schön und froh begonnen hatte. Es war der Beginn einer Zeit, voller Tränen, Hoffen, Verzweifeln und Bangen. Jeder Telefonanruf machte uns unendlich Angst, oft sahen wir einander an, bis einer wagte den Hörer abzunehmen... Und wie unendlich erleichtert waren wir dann immer, wenn es nicht das Krankenhaus war.

Als ich an jenem Tag aus dem Krankenhaus zurück kam, lag das Haus im Dunkel, nur in der großen Stube war Licht. Meine Familie hatte sich dort versammelt und wartete auf mich. Im selben Raum, an dem wir vormittags noch so froh miteinander geredet und gelacht hatten, war jetzt eine tiefe Stille. Stille der Art, die wie Glas bricht, wenn man nur ein Wort spricht. Ja, es war still geworden. Nur das eintönige Ticken der Wanduhr und das gleichmäßige Nachrutschen des großen Zeigers waren zu hören. Ich sah von einem zum anderen. In allen Gesichtern war zu lesen, daß man Nachrichten von Vinzenz hören wollte, aber gleichzeitig stand klar und sichtbar in den Gesichtern geschrieben, daß man hoffte und wünschte, daß es eine gute Nachricht sein sollte. Ich schwieg mit allen und heute noch höre ich manchmal die alte Uhr sagen, daß das tröstliche an der Zeit wirklich und wahrhaftig ist, daß sie selbst dann vergeht, wenn sie zu Zeiten eines großen Unglücks buchstäblich stehen bleibt.....

Vinzenz, unser Zweitgeborener, war damals 21 Jahre alt und lernte Steuerberater. Und es lebten wie seit Menschengedenken drei Generationen miteinander auf unserem Hof draußen im Hügelland.

Ja, so war es damals, an jenem Sonntag...
Dann wurde es Montag, der 28.2.1983. Der erste Tag nach dem schrecklichen Ereignis. Nach einem bleiernen Schlaf, der mehr Müdigkeit brachte, als Erholung, stehen wir auf und beginnen unser Tagwerk. Routinearbeit. Man ist nicht in der Lage etwas anderes zu tun, als das was eben sein muß.

Ab sieben Uhr morgens können wir im Krankenhaus anrufen und Auskunft erhalten. Eine Ewigkeit lang scheint die Zeit zu sein, bis es endlich sieben Uhr ist. Mit klopfendem Herzen und stiller Hoffnung wähle ich die Nummer des Krankenhauses und lasse mich mit der Station verbinden. Freundlich, aber bestimmt gibt mir die Schwester Auskunft:
„Es geht ihm den Umständen entsprechend gut. Er hatte eine ruhige Nacht!"
Auf meine zaghafte Frage, ob wir unseren Sohn besuchen könnten, meinte sie zuversichtlich: „Selbstverständlich können Sie ihren Sohn besuchen, so oft sie wollen."
Dieses Zugeständnis deutete ich falsch. War ich doch der Meinung, wenn wir ihn jeder Zeit besuchen dürfen, so müßte es mit ihm gar nicht so schlecht stehen.
Am Abend bekamen wir Besuch von Verwandten. Gemeinsam beteten wir den Rosenkranz, um Genesung für unseren Sohn zu erbitten.

Wie heißt es doch im Gebet von der immerwährenden Hilfe:

„Wer hat je umsonst deine Hilf angefleht? Wann hast du vergessen ein kindlich Gebet? Alle meine Hoffnungen und Wünsche legte ich in dieses Gebet. Wie ein Kind, bat ich die Mutter Gottes doch zu helfen.

Es ist schon etwas daran, wenn man sagt, „geteiltes Leid ist halbes Leid.

So war unser Alltag bestimmt die ganze Woche lang. Ein Hoffen und Bitten und jeden Abend beteten wir mit Freunden und Verwandten wieder den Rosenkranz.

Bis auf einen einzigen Tag, da haben wir es unterlassen. Ich weiß nicht warum. Ich glaube, wir waren alle schon sehr müde und abgekämpft. Oft mache ich mir Vorwürfe, ob das Leben meines Kindes an diesem Gebet scheiterte? Warum hat uns die Gottesmutter im Stich gelassen? Warum war alles Flehen und Bitten umsonst?

Der Freitag kam. Wie gewohnt fuhren wir ins Krankenhaus. Beim Betreten des Zimmer sah ich sofort, daß Vinzenz Wadenwickel hatte.

Ich bin medizinisch nicht geschult, aber so viel wußte ich, daß Wadenwickel bei Fieber angewandt wurden. Ich erkundigte mich bei der Stationsschwester.

„Er hatte erhöhte Temperatur", gab sie uns freundlich Auskunft und verließ das Zimmer.

Als sich die weiße Türe lautlos hinter ihr schloß, da verspürte ich plötzlich eine wahnsinnige Angst in mir. Ich weiß nicht warum. Sie war einfach da, hatte von mir Besitz ergriffen und ließ mich nicht mehr los. Wie gerne hätte ich meinem Sohn übers Haar gestrichen, seine Wange liebkost...
Aber ich hatte Bedenken, da ich seit einigen Tagen eine leichte Grippe in mir verspürte, unterließ ich diese Zärtlichkeit. Ich wollte ihm keinen Schaden zufügen. Beunruhigt machten wir uns auf den Heimweg. Jeder hing seinen Gedanken nach.

Mein Mann und ich fuhren stadtauswärts über die Rottbrücke. Da bemerkte mein Mann einen großen schweren Hühnerhabicht. Majestätisch glitt er durch die Lüfte, zog unentwegt seine Kreise, ließ sich dann für eine kurze Rast auf einer Staude am Rottufer nieder, um dann gleich wieder mit neuem Schwung und aufgeregtem Flügelschlag seinen Weg fortzusetzen. Wir fuhren schon ein gutes Stück des Weges, da sagte mein Mann in das Schweigen hinein: „Ein Habicht ist kein gutes Omen, besonders, wenn er so nahe an Menschen kommt, so sagt man wenigstens. Er bedeutet Unglück."
Da meinte ich lakonisch: „Das haben wir ja schon."
Beide schwiegen wir wieder. Ich glaubte zwar nichts von diesem Aberglauben, aber trotzdem war ich beunruhigt und mußte öfter als mir lieb war daran denken.

Ich hatte vorhin schon erwähnt, daß ich erkältet war, deshalb ging ich auch früher als sonst zu Bett.

Dieser Tag hatte von mir sehr viel Kraft gefordert. Ich war müde, wie schon lange nicht mehr. Bald hatte ein tiefer Schlaf die harte Wirklichkeit von mir genommen.

Ich schlief! Schlief in eine Traumwelt hinüber, in eine Traumwelt, die seltsamerweise aus lauter Blumen bestand. Vor mir und um mich war ein Meer von Blumen. Es war ein wunderschöner Anblick. Ich kann diese Schönheit gar nicht in Worte fassen. Große volle Blüten, blau schillernd in allen Schattierungen. Aber trotz ihrer Schönheit wirkten sie auf mich beklemmend. Sie ängstigten mich geradezu und ich traute mich nicht nach ihnen zu greifen. Wo ich hinsah, lauter Blumen. Eigentlich wollte ich sie gar nicht. Nie diese Fülle. Schweißgebadet wachte ich auf.
„Gott sei Dank", dachte ich, soviel Blumen können einen ja erdrücken.

Aber sie ließen mich nicht los. Immer und immer wieder waren sie da. Kaum hatte mich der Schlaf eingeholt, befand ich mich wieder in dieser Zauberwelt der Blumen und Blüten. Ja, Träume deuten müßte man können, dachte ich am nächsten Morgen. Meine Träume aber waren ganz anderer Art. Ich wünschte mir nicht diese Blumen. Auch nicht, wenn sie noch so schön waren.

Meine Gedanken gingen zurück, weit, bis zu jenem Tag, da uns der Herrgott dieses Kind geschenkt hat. Vinzenz war ein Sonntagskind! Bei klirrender Januarkälte mußte die Hebamme ausrücken, um nach Piering zu kommen um diesen kleinen Erdenbürger auf diese bucklige Welt zu helfen. Sonntagskinder stehen unter einem guten Stern, sie werden glückliche Menschen, so sagt man. Ja, vielleicht trifft dies bei anderen Sonntagskindern auch zu. Vielleicht hat aber bei unserem Sonntagskind einmal eine böse Fee in die Wiege geschaut...

Mag es sein, wie es sein soll, wir waren jedenfalls glücklich über die Geburt eines gesunden Buben und der damals zweieinhalb Jahre alte Hermann freute sich über sein Brüderchen.

Ein Sonntagskind, das war er wirklich: Es gab mit ihm nie Schwierigkeiten, weder in der Schule noch später im Berufsleben. Seine freundliche und hilfsbereite Art bescherte ihm einen großen Freundeskreis. Liebenswert wie er war, verstand er es anderen Freude zu bereiten. So z.B. schenkte er mir des öfteren ein kleines Sträußchen Wiesenblumen. Ganz einfach ohne besonderen Anlaß. Von einem Lehrgang in Bayreuth brachte er mir ein Tüchlein mit, dazu eine passende Spange. Kleine Aufmerksamkeiten, ein Dankeschön für seine Mama. Da mußte nicht extra ein besonderer Tag im Kalender stehen...

Es gibt eben Menschen, die tragen ein feines Gespür in sich.

Hatte uns der Krankenbesuch am Freitag schon sehr deprimiert, so muß ich sagen, daß für uns der Besuch am Samstag das Gegenteil schien. Oder ich wollte es gerne so sehen? Mein Sohn hatte zwar noch Wadenwickel, aber als wir versuchten mit ihm zu sprechen, öffnete er die Augen und schaute uns an. Ich kann mein Glück über diesen Moment nicht beschreiben. Es war ein langer durchdringender Blick! Aber noch in derselben Sekunde dachte ich erschrocken: „Oh Gott, wir werden uns doch nicht zum letzen Mal in die Augen sehen?"

Schnell verwarf ich diesen Gedanken und schalt mich selber aus. Wie konnte ich nur so etwas denken! Sein Gesundheitszustand war ja nicht schlechter als gestern. Ich bin ein Optimist, das war ich schon immer und so suchte ich nur das Gute, auch in diesem Augenblick. Mit Hoffnung im Herzen fuhren wir heim und freuten uns auf den nächsten Tag... Es müßte morgen ja wieder etwas besser gehen. Dieser nächste Tag, das war der 6. März. Ein Tag der mein Leben und das meiner Familie von Grund auf verändert hat. Und gerade dieser Tag hatte so hoffnungsvoll für uns alle angefangen.
An diesem sechsten März wurden in den Gemeinden die Bundestagswahlen durchgeführt. Es war also nicht nur für unsere kleine Welt, sondern auch für die große Politik ein ganz wichtiger Tag. Wir waren so sehr überzeugt, daß für unseren Sohn alles wirklich gut werden würde, daß wir vor unserem Besuch bei Vinzenz noch zur Wahl gingen. Wir haben in der

Familie immer den Standpunkt vertreten, daß zu Hause alles getan werden muß und daß man auch seinem Land gegenüber die Pflicht hat, zur Wahl zu gehen, denn schließlich darf nicht jeder Mensch auf dieser Erde in einer freien Nation leben, wie das in Deutschland der Fall ist. Der Krankenbesuch vom Vortag gab uns soviel Zuversicht, daß wir in keiner Weise an das Schlimmste gedacht hätten. Frohen Mutes und eilig versorgten wir unser Vieh, um so schnell wie möglich ins Krankenhaus zu fahren. Mit der Hoffnung im Herzen, daß es mit unserem Sohn Vinzenz heute wieder etwas besser sein würde.

Weit gefehlt! Was uns dort erwartet hat, kann man eigentlich nur so beschreiben: Man geht auf einer schönen Straße und plötzlich fällt man in ein tiefes Loch, man fällt und fällt... und nichts und niemand kann dich halten.

Vor der Intensivstation zogen wir unsere Schutzkleidung an und warteten auf Einlaß. Im Gang befanden sich außer uns noch einige Leute, auch mit Schutzkleidung versehen und warteten genau wie wir. Aus irgend einem Zimmer vernahmen wir das Piepsen des Herzüberwachungsgerätes. Den Gang entlang kam eine Krankenschwester. Sie blieb stehen und fragte sehr knapp:
„Ist hier die Familie Burner?"
Wir meldeten uns, da kam sie direkt auf uns zu. Leise und bestimmt sagte sie zu uns: „Es tut mir leid, aber sie können nicht zu ihrem Sohn, er mußte erneut ope-

riert werden. Es sind Komplikationen eingetreten. Der Arzt will sie sprechen. Bitte kommen sie mit ins Ärztezimmer."

Mein Mann und unser Ältester folgten der Aufforderung der Krankenschwester. Meine Schwiegertochter und ich gingen einstweilen in die Kapelle. Hier war eine seltsame Stille und Ruhe. Kein Lärm, kein Ton, nicht das kleinste Geräusch. Es schien alles sehr weit weg zu sein. Nach endlos langem Warten, ging leise die Türe zur Kapelle auf. Mein Mann und mein Sohn kamen zurück. An ihren Gesichtern konnte ich sofort erkennen, daß das Allerschlimmste eingetroffen war. Ich ahnte es, ich spürte es, aber ich wollte die Wahrheit nicht hören.

Unser Sohn Vinzenz war tot!

Ich konnte nicht einmal weinen. Mir stockte der Atem. Die Kehle war mir wie zugeschnürt. Das konnte und durfte nicht wahr sein. Es mußte einfach ein Irrtum sein.

Nein, es war kein Irrtum. Die Wirklichkeit griff mit rauher Hand nach uns. Eine Mitarbeiterin des Krankenhauses gab uns die nötigen Anweisungen, was am nächsten Tag zu tun und zu erledigen sei. Unter anderem sagte sie leise, aber bestimmt: „Dann bringen Sie bitte morgen Vormittag die Kleidung für Ihren Sohn ins Krankenhaus." Während sie das sagte, blickte sie durch die große Glastüre hinaus in den Garten, wo viele bunte Krokusse blühten. Und so nahm ich dann am nächsten Morgen den dunklen feinen Anzug aus seinem Schrank. Vinzenz war so stolz auf seinen „Nadelstreifen" wie er ihn immer nannte. Nur ein paar Mal hatte er diesen Anzug getragen. Ich suchte das passende Hemd, die Unterwäsche und Socken... Mein Sohn sollte ganz fein aussehen, wie ein Gast bei einem Galaempfang. Die dunkelrote Schleife aber, legte ich in eine Schatulle und stellte sie im Schrank wieder auf ihren Platz. Langsam und behutsam packte ich Stück für Stück in eine große Kleidertüte. Ich setzte mich müde und verzweifelt auf Vinzenz Bett. Das alles zu tun, fiel mir unendlich schwer. Beim Anblick der Kleidertüte kam mir die Erinnerung daran, wie schön es doch gewesen war, als wir gemeinsam unsere Garderobe für das große Hochzeitsfest von Hermann und Marianne eingekauft hatten. Fünf Monate waren seitdem vergangen. Ich weiß es noch heute genau, wie sorgfältig Vinzenz alles ausgewählt hatte. Heute würde man sagen: „Der Mann ist „top" gekleidet." Die Schuhe ließ ich im Regal, ich wußte nicht recht weiter.. und außerdem hupte auch mein Mann, der schon seit geraumer Zeit im Auto saß und auf mich wartete. Eigentlich wollte ich mir noch ein kleines Fleckchen Stoff aus dem Anzug schneiden, ein ganz Kleines nur, zum Andenken. Aber die Zeit drängte, ich kam nicht mehr dazu. Ich denke, daß ich auch ohne dieses Eckchen Stoff die Erinnerungen an meinen Sohn im Herzen wahren kann.

Die Sonntage waren das Schicksal meines Sohnes Vinzenz. Er wurde an einem Sonntag geboren. Er verunglückte mit seinem Auto an einem Sonntag und er starb an einem Sonntag.

Ich erinnere mich noch genau an den Tag, als er uns mitteilte, er wüßte sich in Pocking ein Auto. Er erzählte mir, daß er es am Sonntag besichtigen könne und eine Probefahrt wolle er auch damit machen. Meine Schwiegermutter gab zu bedenken: „Mei Voda had oiwaij g'sagt: „Ma soij an Sunda ned handln,-nix schachan und nix kaufa." (Ihren Vater hält die heute zweiundneunzigjährige Frau noch immer hoch in Ehren.) Ich muß zugeben, ich hatte ein flaues Gefühl im Magen, als wir dann, trotz der Einwände meiner Schwiegermutter am besagten Sonntag, zu dritt, mein Mann, Vinzenz und ich nach Pocking fuhren, den Autokauf beschlossen und auch gleich eine Probefahrt unternahmen.

Später, nach dem Unglück, wenn ich irgendwo hinkam, ganz egal welcher Ort es auch immer war, wenn ich wieder so einen Golf sah, da blieb ich stehen, schaute ihm nach, schaute und schaute, bis er meinen Blicken entschwand und immer dachte ich, er muß es sein, der mit diesem Auto da kommt. Aber jedes Mal, wenn es an mir vorüber fuhr, dann wurde mir aufs neue klar, daß ich Illusionen nachhing, die von der Wirklichkeit so weit entfernt waren wie der Wunsch mit meinen Händen einen Stern zu berühren. Nicht selten kam es vor, daß mich Fußgänger und Autofahrer verwundert und fragend anschauten.
Ich bin Realist und bin es eigentlich gewöhnt, daß ich

alles nüchtern und genau abwäge. Aber da war doch Etwas, das mir meine Grundsätze hinsichtlich des „Glaubens" und der Religion durcheinander brachte.

Unser Sohn ist am 27. Februar um 15.00 Uhr verunglückt. Genau acht Tage später ist er um 15.00 Uhr von uns gegangen. Zeitgleich mit seinem Ableben blieben drei Uhren stehen: Die große Wanduhr bei seinem Firmpaten Ludwig Gschneidner in Ramered, unser alter Regulator und die Armbanduhr von Maria Burner, seiner Großmutter väterlicherseits.

Ich bin nicht abergläubisch, aber irgendwie hat mich dieses seltsame Zusammentreffen sehr bewegt. Ich meine, man sollte diese Dinge nicht einfach ignorieren, sondern beim Namen nennen und darüber nachdenken.

Wie ein Lauffeuer verbreitete sich die traurige Nachricht überall. An jenen Tagen bekamen wir sehr viel Post. Freunde, Bekannte, aber auch Menschen zu denen wir jahrelang keinen Kontakt mehr gehabt hatten, bekundeten ihre Anteilnahme in Beileidskarten oder Briefen. Ich möchte Ihnen diese Briefe nicht vorenthalten. Sie waren und sind für mich auch heute noch eine wertvolle Bereicherung in meinem Leben.

Es nimmt dir nicht den Schmerz, den ein solcher Verlust verursacht, aber die Gewißheit, daß es irgendwo Menschen gibt, die an dich denken tröstet. Menschen, die versuchen einem anderen beizustehen und vielleicht auch selbst noch Trost bräuchten.

Und deshalb lasse ich Sie am Brief einer unbekannten Mutter teilhaben:
Liebe Familie Burner!
Wir haben in der Zeitung gelesen, welch großes Leid Sie getroffen hat. Wir möchten Ihnen unser tiefstes Mitgefühl aussprechen. Obwohl wir uns nicht kennen, ist es uns ein Bedürfnis, Ihnen ein wenig Trost zu geben.

Ein anderer, sehr gut gemeinter Brief:

Liebe Familie Burner!
In Euerem großen Leid, das Euch getroffen hat, gebe Gott Euch Kraft es zu überstehen.

Ich möchte Sie mit meinen Briefen nicht langweilen, aber ich finde diesen einen Brief sollte ich Ihnen nicht vorenthalten. Seine Zeilen gingen mir sehr zu Herzen.

......wie aus heiterem Himmel schlug das Schicksal zu, schwere Tage folgen, ohne Rast und Ruh! Doch die Zeit sie eilet, mit der Zeit auch heilet großes Leid und Schmerz. Der Lebensweg ist dornenvoll, ihr habt es voll empfunden. Haltet fest nun Euer einzig Glück, das Euch noch blieb fürs Leben. Euer guter Sohn, er ist es wert, auch noch für ihn zu leben.
Mich traf das Schicksal auch sehr hart und hab' es überwunden. Es geh'n der Jahre viel ins Land, bis man kann wieder leben.
Herzliche Teilnahme
R.L.

Die Reihe dieser tröstlichen Briefe ließe sich wirklich lange fortsetzen.

Ich möchte an dieser Stelle all diesen Menschen noch einmal Danke sagen! Bewußt oder auch unbewußt haben sie mit ihrer Anteilnahme uns wunderbar gestärkt.

Ich habe diese Briefe oft gelesen. Sie sind mir zur Lektüre geworden. Sie haben mich immer wieder empor gezogen, wenn ich am Boden war und ich war sehr oft am Boden.
Aber es gab auch andere Menschen, Gott sei Dank, nur ein Paar dieser Sorte: Trotz aller Grausamkeit, die das Schicksal einem zufügt, bringen es Leute fertig nach Geld zu fragen. Ob er eine Lebensversicherung hatte? Wie hoch mochte die wohl sein? Als Steuerberater bestimmt nicht klein! So tuschelten die Leute hinter vorgehaltener Hand. Sehr diskret versteht sich, aber ohne Rücksicht auf die Betroffenen. Wie findet das ein anständiger Mensch? Ich finde es jedenfalls mehr als schändlich! Man müßte solche Personen fragen:
„Was ist Ihnen Ihr Kind wert? Möchten Sie Bargeld oder einen Scheck für Ihren Sohn oder Tochter?"
So ist das Leben! Den einen kostet es das Herzblut, der Andere sorgt sich um Geld.

Einige Wochen nach dem Begräbnis, war ich erst in der Lage in seine Brieftasche und in seinen Geldbeutel zu schauen...

Was denken Sie, was es für ein Gefühl ist, in den ganz privaten Dingen eines Menschen zu stöbern, auch wenn es der eigene Sohn ist.

Mit Tränen in den Augen und klopfendem Herzen nahm ich Stück für Stück heraus. Da war ein Brief, adressiert an eine Christiane K. Da war trotz aller Trauer und Niedergeschlagenheit die Neugierde einer sorgenden Mutter in mir. Sollte ich den Brief öffnen? Sollte ich ihn zur Post bringen und an die genannte Person abschicken, dachte ich. Es muß doch alles vorbei sein. Was immer auch es für eine Mitteilung war. Den Brief drehte und wendete ich in meinen Händen, aber ich dachte, daß ich warten müßte, bis zu einem Tag, da ich von selbst spüren würde, was zu tun sei. Also legte ich den Brief ungeöffnet in eine Schublade. Ich wollte wirklich noch warten. Aber auf was, fragte ich mich? Ich war andererseits neugierig, das muß ich zugeben. Welche Mutter wäre das nicht gewesen? Irgendwann werde ich der Versuchung nicht mehr widerstehen können, das spürte ich immer heftiger.
Es war dann ein regnerischer Tag. Ein passendes Wetter um Besorgungen und Schreibarbeiten zu erledigen. Entschlossen steckte ich den Brief in die Tasche. Ich werde ihn heute in den Briefkasten werfen dachte ich. So oder so. Heute muß diese Angelegenheit erledigt werden. Das nahm ich mir jedenfalls fest vor.
Wie heißt es aber so schön im Volksmund: „Der Mensch denkt und Gott lenkt."

Genauso verlief auch dieser Tag. Plötzlich war wieder einmal eine Kuh zum kalben. Die Geburt zog sich endlos lange hin. Der Vormittag war schon gelaufen und bis alles nachgearbeitet war, war auch der Nachmittag schon fast vorüber. Es reichte gerade noch für einen Kurzeinkauf. Alles andere blieb unerledigt. So auch der Brief. Ich legte ihn wieder in die Schublade zurück. Einige Tage später erledigte ich dann meine aufgeschobenen Angelegenheiten, vergaß aber den Brief mitzunehmen. Nun, da ich mit leeren Händen vor dem Postkasten stand, hatte ich plötzlich das Gefühl, es dürfe wohl nicht sein, daß diese Zeilen den Adressaten erreichen sollten. Da faßte ich den Entschluß, ihn nicht mehr abzuschicken. Lange Zeit lag der Brief ungeöffnet in der Schublade. Eines Abends, es war im Haus sehr still und ich war ganz allein, da fiel mir ganz unverhofft der Brief ein. Ich holte ihn. Was tue ich jetzt mit ihm, fragte ich mich? Ganz einfach in den Ofen werfen? Dafür bin ich eigentlich zu sensibel, um ein persönliches Schriftstück meines Sohnes wie eine alte Zeitung zu verbrennen. Öffne ich ihn doch, fragte ich mich wieder? Starke Selbstbeherrschung war nötig, dieses nicht zu tun. Ich habe lange nachgedacht. Es war ein Briefgeheimnis und dieses galt es zu wahren, das verlangt der Respekt und die Ehrfurcht vor dem Toten. Wie sollte ich diesen Brief vernichten? Da kam mir ein Gedanke. Aus dem Küchenschrank nahm ich eine große Emailleschüssel, holte ein kleines Teelicht, zündete es an und stellte es in die Schüssel. Dann legte ich den ungeöffneten Brief darauf. Ein paar kurz aufflackernde Flammen und es war vorbei! Was immer auch darin gestanden hatte, es war das Geheimnis meines Sohnes und würde es auch bleiben. Obwohl ich sehr traurig war, war ich dennoch glücklich, daß ich dieses Geheimnis nicht durch meine Neugierde verletzt hatte. Ich nahm die Schüssel mit den verkohlten Resten und trug sie in den Garten hinaus. Ich überließ es Mutter Natur was sie damit tun würde. Als ich am nächsten Morgen die Schüssel holte, war sie leer. Die Aschenreste waren im Garten verstreut, zwischen Vergißmeinnicht und Schnittlauch, ganz einfach vom Wind verweht.. ...

In späteren Jahren mußte ich oft daran denken, was ich gefühlt hatte, als ich die persönlichen Dinge meines Sohnes zum ersten Mal berührte. Immer wieder, wenn es meine Zeit erlaubte, breitete ich in der Küche alles auf vor mir auf dem Tisch aus. Notizen. Bilder, Karten vom letzten Skiurlaub, oder von Feiern mit Freunden und da fand ich unter all diesen Dingen einen Edelstein! Ich fand den Organspenderausweis meines Sohnes.

„Ich bin Organspender für Transplantationen", stand da. Dann war seine Adresse angegeben und als Bemerkung:

„Das Leben geht immer weiter auch im Tod!"

Dieses Vermächtnis eines lieben Verstorbenen der uns vorausgegangen ist, das ist doch ein Edelstein! Habe ich da nicht recht, wenn ich es so sehe? Aber als Vinzenz wirklich tödlich verunglückte kam es zu keiner Organspende, weil keiner der Anwesenden bei dem Unfall in seine Papiere schaute, da ja jeder Vinzenz kannte. Und so kam es, daß der Spender Ausweis unbemerkt blieb. Ich habe gegen die vielen Warums gekämpft, gegen mich selbst, aber es war ein ungleicher Kampf. Es dauerte sehr lange, bis ich verstand, daß ich mich dem Schicksal beugen mußte, ob ich es wahrhaben wollte oder nicht. Ich war der Verlierer - oder etwa doch nicht? Vielleicht habe ich in dieser Zeit auch sehr viel gewonnen?

Es wurde mir bewußt, daß ich durch dieses Tal der Tränen und Hilflosigkeit hindurch gehen mußte. In solchen Momenten waren mir die Kondolenzschreiben wie Balsam für meine verletzte Seele.
Da gibt es ein Verslein, das ich irgendwo einmal gehört oder gelesen haben.
„Immer, wenn du meinst es geht nicht mehr, kommt von irgendwo ein Lichtlein her."
Dieses Licht habe ich in den dunklen Stunden meines Lebens immer wieder gesucht und auch gefunden. Sei es von Menschen, die mich in meiner Trauer begleitet und wieder aufgerichtet haben oder von meiner unmittelbaren Familie.
So ein Mensch ist auch meine Mutter, sie läßt niemand hängen. Sie gab und gibt mir immer wieder neuen Halt und ist mir auch heute noch richtungsweisend. Sie sagte mir oft, daß sie ihre Stärke aus dem katholischen Glauben schöpft, dem sie seit ihrer frühesten Kindheit sehr eng verbunden ist. Sie verstand es, mir Schicksale zu schildern und erzählte mir

wieder und wieder von Familien in ähnlicher Situation. Sie war es auch, die mir die Augen für fremdes Leid öffnete.

Sie erzählte mir vom Krieg, von den Greueln der Gefangenschaft, alles was sie eben von ihren Brüdern und von meinem Vater (sie waren alle im Krieg) aus Berichten wußte. Weil ich gerade bei diesem Thema von Krieg und Gefangenschaft bin, möchte ich nebenbei erzählen, wie ich die Rückkehr meines Vaters aus dem Krieg erlebt habe. Es war in der ersten Septemberwoche 1945. Als Schulanfängerin hatte ich gerade meinen dritten Schultag hinter mir. Ich saß auf dem Fensterbrett, (das war mein Lieblingsplatz, wenn ich mich in der Küche aufhielt.) Blumenstöcke im Haus waren damals noch selten, also war der besagte Platz frei für mich!

Weit drüben auf der Landstraße, die von Holzhäuser nach Hoisching führt, hatte ich Jemanden entdeckt. Mit meiner kindlichen Neugierde verfolgte ich diesen Menschen und stellte fest, daß dieser Jemand ein Mann war. Er kam mir sehr müde vor. Seine Schritte waren langsam und schleppend. Das wird ein Handwerksbursche oder Bettler sein, dachte ich, denn zu dieser Zeit war das nicht ungewöhnlich. Aber der Mann ging an den Häusern vorbei. Er bog bei der Weggabelung ab und lenkte seine Schritte direkt auf unsere Hofstelle zu. Schnell verließ ich meinen Fensterplatz um meine „Muada" zu verständigen, daß da jemand kommt. (Die Muada war eigentlich die

Großmutter mütterlicherseits, aber ich nannte sie so, weil alle Anderen auch so sagten). Sie war gerade dabei die Kartoffeln für das Saufutter im hölzernen Bottich zu zerstampfen. Sie ließ den Kartoffelstampfer in den Kartoffeln stecken und eilte mit mir in die Küche. Als sie den Mann sah, sagte sie nur: „Mei liaba Himmivata."

Sie sagte es freudig, ich möchte sagen, sie schrie es geradezu und mit schnellen Schritten verließ sie die Küche und rief draußen auf dem Hof alle Hofbewohner zusammen, um dieses Ereignis allen mitzuteilen.

Ich aber blieb auf meinem Fensterplatz sitzen und dachte bei mir" den Himmevata habe ich mir eigentlich ganz anders vorgestellt.

Der Mann kam näher, sein Gesicht war vollbärtig und an der schäbigen, verbeulten Kappe standen wirre, verpappte Haarsträhnen heraus. Seine Kleidung war zerlumpt und schmutzig vom Staub der Landstraße. Einer seiner Schuhe zeigte vorne durch eine gefährliche Öffnung, daß er seinen Besitzer nicht mehr lange begleiten würde...

Da hob der Fremde wie zum Gruß die Hand und lächelte. Ich tat es ihm gleich und winkte ihm auch zu, wenn ich ihn auch nicht kannte. Da geschah etwas, was ich im ersten Augenblick nicht begreifen konnte. Meine Mama lief auf den Fremden zu und sie umarmten sich lange und innig. Ich war irritiert, doch da kam auch schon die „Muada", und sagte zu mir: „Dei Papa is aus da hoamkemma."

Da hüpfte ich von meinem Fensterplatz, um ihn zu begrüßen (und natürlich wollte ich auch den einen Schuh noch näher ansehen.)

Jahre später, nach dem der Unfall mit meinem Sohn Vinzenz passiert war, erzählte mir meine Mutter von den vielen jungen Burschen aus ihrem Bekanntenkreis, die mit 16, 17 Jahren noch in den Kampf ziehen mußten. Blutjung und unerfahren haben viele von ihnen die Familie und Heimat nicht mehr wieder gesehen. Dieses Elend und Leid schilderte mir meine Mutter immer wieder sehr bewußt. Ein Leid, das ich vor dem Unfall meines Sohnes nie sah, oder vielleicht ganz einfach übersah. Ich möchte nicht sagen aus Kälte oder Hartherzigkeit, sondern einfach, weil mir die Hektik des Alltags keine Zeit dafür ließ. Mein Horizont war klar abgesteckt, was darüber hinaus ging kümmerte mich wenig. Ich hatte meine Familie. Meine Arbeit als Bäuerin füllte mich voll und ganz aus.
Als dann an einem 15. Mai 1983, es war Sonntag, von unserem Ortsverein aus in Jägerndorf eine Handarbeitsausstellung war, mußte ich als Ortsbäuerin selbst anwesend sein, weil meine Stellvertreterin wegen der Erstkommunion ihres jüngsten Sohnes unabkömmlich war. Alles in mir sträubte sich. Aber ich mochte es drehen und wenden, wie ich wollte, es blieb mir keine Wahl. Ich muß zugeben, daß ich nicht die geringste Lust hatte, dorthin zu fahren. Die Vorstellung, den ganzen Tag Blasmusik, Jubel Trubel und Heiterkeit erleben zu müssen, stieß mich ab. Ob

ich das schaffen und überstehen würde? Wieder war es meine Mutter, die mir zuredete und die mich auch dorthin begleitete, um nicht allein zu sein. Sie war eigentlich der Mensch, der mir über lange Zeit hinweg Trost und Stärke gab. Ich habe ihr sehr viel zu verdanken. Sie opferte mir viele Sonntage. Meine Mutter fuhr mit dem Fahrrad als 65jährige Frau damals jeden Sonntag von Gumping die zehn bis zwölf Kilometer weite Strecke zu uns. Und sie ließ es sich nicht nehmen ihren Enkelsohn regelmäßig auf dem Friedhof zu besuchen.

Schon in den frühen Morgenstunden zeigte es sich, daß es ein heißer Frühsommertag werden würde, obwohl der 15. Mai im Volksmund der katholischen Bevölkerung der Tag der „Kalten Sophie" ist. Für eine solche Veranstaltung ist schönes Wetter die beste Voraussetzung ein „volles Haus" zu haben. Ging es doch darum, den Reinerlös für eine „gute Sache" zu spenden. Es hätte mir gefallen können, wenn nicht der Druck auf meinem Herzen gewesen wäre. Die stete Unruhe und die Suche nach einem Gesicht in der Menschenmenge, das ich immer und überall suchte und doch nirgends fand!

Die Ausstellung in einer riesigen Reithalle war gesteckt voll. Es schien, als wäre ganz Niederbayern auf den Beinen. Tage vorher hatten geschickte und fleißige Hände eine ganze Ansammlung von Handarbeiten und allen anderen Kunstwerken an unserem Stand aufgebaut und so arrangiert, daß jedes Stück bestens zur Wirkung kam. Die Wände waren dicht behängt mit Teppichen, Tischdecken, Läufern und anderen feinen Handarbeiten. Kostbarkeiten von großem Wert reihten sich aneinander. Gewebtes, Gehäkeltes, Gesticktes und Gestricktes in allen möglichen Ausführungen wurde ausgestellt. Vom feinsten Material bis zum rauhen Bauernlinnen, konnte man alles, was Hände herstellen können, finden. Jedes Stück war eine einzigartige Kostbarkeit. Eine Kostbarkeit schon deswegen, weil man hier die Liebe zum Detail findet. Die kleinen Einzelheiten, die eine Sache abrunden und ihr den nötigen Pfiff geben.

Die Besucher drängten sich an den Tischen vorbei. Man könnte fast sagen, sie wurden durch die Halle geschoben. Sie standen Schlange um Kaffee und Kuchen oder um sonst eine Leckerei zu ergattern. Es war auch eine Bombenstimmung und ein Bombengeschäft. Die Musikkapelle dröhnte laut und verlieh der Veranstaltung den echten bayerischen Volksfestcharakter.

In meiner Trauerkleidung kam ich mir sehr verloren vor. Ich spürte es bis in die Haarspitzen hinein, daß ich hier fehl am Platz war. Dieses Gefühl hatte ich schon bei meinem Eintreffen. Alle schauten mich mitleidig an...

Aber Pflicht ist eben Pflicht und so nahm auch dieser Tag seinen Lauf. Am frühen Nachmittag wurde die Situation für mich unerträglich. Verbissen kämpfte ich gegen die in mir aufsteigenden Tränen. Aber vergeblich...

Ich mußte heraus aus dieser fröhlichen Menschenmenge! Ganz einfach an einen stillen Platz, um wieder Boden unter den Füßen zu gewinnen. Flüchtig erklärte ich meiner Mutter, sie solle beim Stand stehen bleiben, bis ich wieder käme. Meine Mutter schaute mich an, aber sie fragte nichts. Sie verstand es auch so, wie es um mich stand. Nichts wie weg hier, dachte ich, möglichst weit weg, um Ruhe zu finden. Das nahe gelegene Kirchlein von Jägerndorf (es wurde im 15. Jahrhundert im Barockstil erbaut und ist ohne zu übertreiben ein echtes Juwel unserer niederbayerischen Heimat. Der heilige Erzengel Michael ist der Kirchenpatron dieses Schmuckstückes), schien mir der richtige Ort zu sein. Hier wollte ich mich ausruhen, neue Kraft schöpfen! Ich sehnte mich nach dieser Ruhe, nach der wohltuenden Kühle des Gotteshauses. Hastig schritt ich auf das geöffnete Portal zu. Aber welche Enttäuschung. Das Portal stand zwar weit offen, doch ein großes schmiedeeisernes Tor versperrte mir den Weg ins Innere der Kirche. Immer wieder drückte ich die schwere Türklinke. Vergeblich! Trotzig stand dieses eiserne Kunstwerk vor mir. Unnachgiebig, entschlossen jeden fremden Eindringling abzuwehren. Die pausbäckigen Barockengel schauten mich an, gerade so, als wollten sie mich auslachen.

Ich kniete vor diesem verschlossenen Tor und ließ meinen Tränen freien Lauf. Aber es waren andere

Tränen, ich fühlte es. Nicht die, aus Schmerz geboren, nein es waren trotzige, wütende Tränen. Vielleicht so, wie ein Kind weint, das ein gewünschtes Spielzeug nicht bekommen hat. Bitterkeit stieg in mir auf und ich haderte mit Gott.

Ja, in diesem Moment haßte ich ihn sogar. Ich haßte ihn! Das spürte ich. Eine Stimme sagte mir: „Er hat nichts für dich übrig. Er gewährt dir nicht einmal Ruhe in seinem Haus. Er nahm dir deinen Sohn, wo war seine göttliche Vorsehung an jenem verhängnisvollen Sonntag? Wo war sein Schutzengel? Warum war er nicht da? Warum läßt er auf der ganzen Welt soviel Unheil und Ungerechtigkeit zu? Warum, nur warum?"

Mein Innerstes war aufgewühlt und zum tausendsten Mal stellte ich mir immer dieselbe Frage „warum nur, warum?"

Ich rappelte mich wieder auf und langsam brachte ich meine Gefühle wieder unter Kontrolle. Es dauerte eine Weile bis ich mich wieder in der Gewalt hatte. Mit letzter Kraft kämpfte ich gegen mich selbst.
„Du mußt zurück in die Halle," mahnte mich eine innere Stimme. „Du kannst hier nicht bleiben. Geh deinen Weg und tue, was du zu tun hast."

Ja, ich ging, drehte mich noch einmal um, da blieb ich plötzlich wie angewurzelt stehen. Mir stockte fast der Atem. Es war genau wie in unserer Friedhofsanlage. Nur ein paar Schritte vom Kircheneingang entfernt befindet sich eine Grabstätte, ganz ähnlich unserer eigenen in Wittibreut. Der selbe schwarze Marmor, nur die Machart schien schon lange Zeit zurück zu liegen.

Da stand ich nun vor einem fremden Grab! Der schwarze Marmorstein glitzerte im gleißenden Licht der Hitze. Langsam begann ich die schon etwas verwitterte Inschrift zu lesen. Für einen kurzen Moment schloß ich die Augen. Das konnte doch nicht wahr sein! Drei Söhne forderte ein grausames Schicksal diesen leidgeprüften Eltern ab. Zwei von ihnen starben den Heldentod fürs Vaterland. Der Dritte verunglückte mit dem Motorrad. Im Blütenalter von 19, 22 und 26 Jahren gaben diese drei Reitenlehner Söhne ihr Leben dem Schöpfer zurück.

In der Tiefe meines Herzens fragte ich mich: „Wie können Menschen mit so einem Verlust weiterleben? Was gibt ihnen die Kraft dieses zu ertragen?"

Es war wohl ein tiefer Glaube an Gott, der diesen Menschen Halt und Stütze gab. Vielleicht so ein unerschütterlicher Glaube wie es in der Bibel im Buch des Hiob1 steht. Der reiche, aber gottesfürchtige Hiob verlor sein Land, seine Viehherden, einfach alles was er besaß. Als der letzte Unglücksbote kam um ihm zu berichten, daß ein gewaltiger Wind über die Wüste fegte und das Haus seines ältesten Sohnes vernichtete, in dem sich seine drei Töchter und sieben Söhne befanden, die alle den Tod fanden. Da stand Hiob auf, zerriß sein Gewand, schor sich das Haupt, fiel auf die Erde und betete Gott an. Dann sagte er: „Nackt kam ich hervor aus dem Schoß meiner Mutter, nackt kehre ich zurück. Der Herr hat gegeben, der Herr hat genommen. Gelobt sei der Name des Herrn."

Es mußte Gottes weise Vorsehung gewesen sein, die mich an diesen Platz führte. Wie er doch unsere Schritte lenkt und führt! Ich schämte mich über das, was vor wenigen Minuten vorgefallen war. Über meinen Wutausbruch, meine Frechheit, Gott so zu beleidigen. Ich bat meinen Herrgott um Vergebung, gerne hätte ich den Vorfall ungeschehen gemacht.

Langsam und nachdenklich verließ ich den Friedhof. Auf einmal war ich sehr ruhig und ausgeglichen. Irgendwie, ja war ich so froh in meinem Herzen. Unwillkürlich dachte ich an ein Gedicht von Annette von Droste Hülshoff.

„Ich bitte nicht um Glück der Erden,
nur um ein Leuchten dann und wann,
daß sichtbar deine Hände werden,
ich deine Liebe ahnen kann.
Nur in des Lebens Kümmernissen,
um der Ergebung Gnadengruß.
Dann wirst du schon am besten wissen,
wieviel ich tragen kann und muß!"

In Gedanken versunken, schritt ich den Weg zurück zur Halle. „Eigentlich hast du es trotz allem gut", sagte ich zu mir selbst. „Sooft dir das Herz schwer wird, die Sehnsucht nach deinem Sohn dich quält und die Tage dir endlos lang werden läßt, da nimmst du dein Auto, ein paar Blumen, eine Kerze und fährst, wann immer du willst, zu deinem Sohn auf Besuch, in seine neue Heimat..."

Ich mußte plötzlich an Mütter, an Frauen denken und an all die Menschen, die ihre Lieben nicht besuchen können, weil sie irgendwo in fremder Erde begraben sind. Es ist wahr. Im Vergleich zu diesen Menschen habe ich es gut. Diese Erkenntnis, als sie bis in mein Herz drang, gab mir meine innere Ruhe zurück.

Nach kurzer Zeit hatte ich die Ausstellung wieder erreicht. Der hektische Umtrieb hatte etwas nachgelassen, oder kam es davon, daß sich meine eigene Verfassung gebessert hatte?
Am späten Nachmittag wurde die Ausstellung beendet. Jeder packte seine Sachen ein und begab sich auf den Heimweg.

„Na," sagte meine Mutter zu mir, „jetzt hast du diesen Tag auch wieder überstanden, gell, es ist doch gegangen."

„Ja", es geht immer wieder weiter", meinte ich gedanken- verloren."

Und so nahm ich mein Herz in die Hände und begann aufzuschreiben, wie mein Leben verlief, seit mein Sohn nicht mehr neben und bei mir, sondern um mich war, weil es sein Schicksal war voraus zu gehen und mein Schicksal, es zu verstehen...

Der Frühsommer verging und es wurde August. Aber, ich spürte genau, daß die Zeit meine Wunden nicht wirklich heilte. Dann, es war ein heißer Augusttag. Brütende Hitze ließ mir die Arbeit nur langsam von der Hand gehen. Ich weiß es nicht, war es nur die Hitze oder hatte ich heute wieder so einen „Durchhänger", der alles doppelt schwer werden läßt. Eine Seitenkammer im Wohnhaus wurde neu renoviert. Die alte Decke mit den Schilfrohren war schon abgetragen und ein großer Schutthaufen türmte sich vor mir auf. Ich schaufelte den Unrat in eine Schubkarre, da fiel mir ein kleines schmutziges Papierstück von der Schaufel. Ich hob es auf, reinigte es von Staub und Schmutz. Es war ein uraltes, verblichenes Sterbebild. Behutsam hielt ich das kleine Stück Papier in den Händen und begann zu lesen. Nur zwanzig Lebensjahre waren diesem Menschen von Gott geschenkt, als er am 16. Mai 1897 durch einen Unglücksfall starb. Was er wohl für ein Mensch gewesen ist, dieser Johann Fichtner? Bei allem Unglück, das ihn traf, hatte er doch die große Gnade, die heiligen Sterbesakrament zu empfangen. Dieses Glück wurde meinem Sohn nicht zuteil. Ich muß mir zugestehen, daß mich das sehr bedrückte und daß ich oft daran denke und mich frage, wieso dieses nicht geschah?

Es wurde mir plötzlich bewußt, daß das Sterbebild Johann Fichtners, Hofingersohn von Mayerhof, zuletzt Schweizer in Wittibreut 86 lange Jahre zwischen Fußboden und Deckenbrettern versteckt gewesen war, um mir genau an dem Tag vor die Füße zu fallen, als ich es vor Herzweh nicht mehr aushielt. Warum, habe ich mich inzwischen bestimmt schon zum tausendsten Mal gefragt.

Ich glaube, daß Gott uns, wenn der Kummer zu groß und das Leid zu tief wird, nicht nur einen seelischen Beistand schickt, sondern sogar etwas Sichtbares, etwas zum Berühren, etwas zum wirklichen Ansehen. Als ich das Sterbebild wieder und wieder las, verstand ich, daß es in unserer Gegend vor mir eine andere Mutter gegeben hat, die genau wie ich einen fast gleich alten Sohn, ihrer war sogar noch ein Jahr jünger, durch einen Unglücksfall und nicht durch eine Krankheit hergeben mußte. Und Leid ist zeitlos und so machte es keinen Unterschied, daß jener andere junge Mann fast 100 Jahre vor meinem Sohn starb.

Als ich am Abend zu Bett ging, hatte ich auch diesen Tag wieder lieb gewonnen, der mir anfänglich so elend und unbezwingbar vorgekommen war. Ich nahm ihn auf wie eine Perle und reihte ihn ein in die Tage meines Lebens. Weit öffnete ich das Fenster und schaute hinaus in die unendliche Weite des Sternenhimmels. Ich mußte plötzlich denken, daß das Betrachten der Sterne mir unendlich viel Trost gab. Von unserem Hof aus, der auf einer Anhöhe liegt, die eigentlich oben flach wie eine Tischplatte ist, hat man am Tag einen weiten Blick über das Land in Richtung Süden. Und wenn der Föhn weht, kann man die Berge der österreichischen und bayerischen Alpen fast mit der Hand berühren. Nachts aber, scheint der Sternenhimmel greifbar nahe zu sein. Diese stille Landschaft wird auch jetzt noch nicht durch Straßenlaternen, wie das in den nahen Dörfern der Fall ist, nachts erleuchtet. Ja, in sternenklaren Nächten, und wir haben viele, kann man mit den Augen zwischen den Sternen spazierengehen, wie man unter den Bauernblumen in einem Sommergarten spazierengeht.

Immer, wenn ich daran zurück denke, wie ich auf den Gedanken kam, mir das Reiterlein als Begleiter durch die arbeitsreichen Tage und die oft noch schlaflosen Nächte vorzustellen, hat mich der Gedanke getröstet, daß dort am Himmel diese Sterne seit Ewigkeiten und für alle Ewigkeit stehen. Und ich dachte auch, daß es schon sehr seltsam war, wie so ein fernes Sternenbild, mich meine Seelenruhe langsam wiederfinden ließ und manchmal dachte ich auch für mich allein, daß es vielleicht ein Geschenk meines Sohnes Vinzenz war, der ja zu seinen Lebzeiten, mir immer mit kleinen Geschenken ganz unerwartet oft eine Freude gemacht hatte.

Und so suchte ich in dieser Nacht mit den Augen diesen einen kleinen Lichtfunken, einen Stern, den ich nicht verlieren konnte, so klein er auch war. Ich wußte seit meiner Kindheit, daß er Reiterlein hieß und irgendwie hatte ich oft daran gedacht, daß der Drachen ein wunderschönes Sternbild ist. Es ist das Einzige, dem von Gott Vater noch ein anderer Stern, den man sonst leicht übersehen hätte, sein Platz zugewiesen worden war. Ja, wenn Gott dafür sorgte, daß man das Reiterlein nicht übersehen konnte, weil erst er dem Drachen die volle Schönheit gab, dann würde Gott auch mir den Platz zeigen, an dem ich mein Leid tragen lernen konnte. Nun war ich vollends getröstet und in dieser Nacht schlief ich zum ersten Mal, seit mein Sohn verunglückt und gestorben war, tief und fest.

Ein Bauernjahr fordert seine Pflicht. Ich weiß, das ist ein aus der Mode gekommenes Wort. Aber die Tiere, die man auf einem Hof hält müssen gefüttert und gemolken werden und man kann sie nicht sich selbst überlassen. Die Felder, einmal geackert, geeggt und gesät lassen die Frucht wachsen und wenn die Zeit reif ist, muß geerntet werden. Ohne, daß es einem bewußt ist, lernt man von Kind auf, daß die Arbeit getan werden muß, und erst viel später, wenn man selbst so verzweifelt ist, daß sie einen nicht interessiert und sich wie ein Berg auftürmt, versteht man staunend, daß darin auch ein ganz anderer Segen verborgen ist. Man kämpft sich hindurch, und man wird in der Müdigkeit stiller und irgendwann, tut der Schmerz anders weh. Nicht mehr so brennend, so lichterloh. Und wenn man auch weiß, daß man den leeren Platz am Tisch jeden Tag drei Mal anschaut und nicht glauben kann, daß die Türe nicht doch auf-

geht und der Mensch, den man verloren hat, herein-
kommt und sagt „ich bin ein wenig länger geblieben,
als ich glaubte." Durch die Gleichförmigkeit der Arbeit
auf einem Hof kommt einem ein Trost zu, wie eine
Hand, die einen berührt, warm und freundlich.

Im Laufe der Zeit und so sollte es noch für sehr lange
sein, bewegte mich immer öfter der eine Satz auf
dem Spenderausweis, „das Leben geht immer weiter,
auch im Tod." Ich habe immer sehr viel darüber nachgedacht, woher oder wodurch ein junger Mensch zu
dieser Erkenntnis gelangen könnte. Vinzenz war im
christlichen Glauben erzogen worden, aber das ist
noch lange kein Garant für das spätere Leben. Wie
das bei vielen so ist, wenn die Schulzeit und die
Lehre glücklich überstanden sind, dann kommen der
liebe Gott und vor allem der sonntägliche Kirchenbesuch etwas ins Hintertreffen. Was Eltern und Großel-
tern in weiser Umsicht liebevoll aufgebaut und
gepflegt haben, gerät ins Wanken, beginnt zu
bröckeln oder kommt oft ganz zum Stillstand. Mein
Sohn war da keine Ausnahme. Bei diesem Thema
kamen wir auf keinen gemeinsamen Nenner. Er hielt
sich da mehr oder weniger an die heiligen Zeiten, so
z.B. Weihnachten, Allerheiligen und dergleichen. Ich
war darüber nicht sehr glücklich und ich dachte oft
daran, wie es zu unserer Zeit war, als wir jung gewesen waren und abends ausgingen. Der Kirchenbesuch war ganz einfach ein „muß". Niemand wäre auf
die Idee gekommen dieses Gebot nicht zu halten. Ob
müde oder nicht, hier galt ganz einfach: „Wer den
Lumpen macht, muß ihn auch aushalten." Damals

war das alte bayerische Sprichwort in aller Munde, wenn man nach einer durchtanzten Nacht nicht aufstehen wollte, sei es zur Arbeit oder zum Kirchenbesuch.

Dieser Dialog schien sich wie ein roter Faden durch die Generationen zu ziehen...

Als ich wieder einmal mit meiner Predigt aufwartete, lächelte Vinzenz und sagte in seiner liebenswerten Art, nicht daß er mich verletzen wollte, nein, das lag ihm fern.
„Mama, predigen tust du eh schon und bei zu viel Kirchenluft schlaf ich dann ein."
Ja und da erinnerte ich mich an ein Erlebnis aus seiner Kindheit. Er war vielleicht vier oder höchstens fünf Jahre alt gewesen. Es war Ostern und er saß zusammen mit seinem Bruder Hermann in der ersten Kirchenbank. Der Organist trat gewaltig in die Pedale. Mit Hingabe sang der Kirchenchor die Händelmesse. Der ganze Kirchenraum war erfüllt von Lob und Preis für den Auferstandenen. Und was tat mein Bub? Er schlief ganz fest und wenn die Ministranten bei der Wandlung nicht läuten würden, hätte mein Bub das ganze Hochamt verschlafen. Da halfen auch nicht die heimlichen Stupser seines Bruders Hermann. Sehr wohl hatte ich bemerkt, daß der Pfarrer den Schlafenden auch gesehen hatte. Später traf ich Herrn Pfarrer Zang. Behutsam brachte ich das Gespräch auf diesen Zwischenfall. Da meinte der gütige alte Herr:

„Er hat beim lieben Gott geschlafen und da schläft es sich so gut."

Eines Abends hörte ich aus dem Zimmer von Vinzenz einen Schlager. Eigentlich gefiel mir das Lied. Ich setzte mich auf die Treppe und hörte zu. Es war eine mitreißende, schwungvolle Melodie und wenn ich auch die Worte zum größten Teil vergessen habe, so kann ich mich sehr gut an die gute Laune erinnern, die das Lied mir und meinem Sohn schenkte.

Ja, von diesem Zeitpunkt an, gab ich das Predigen auf und dachte so nebenbei, irgendwann, wenn du älter bist Vinzenz, wirst du deine Kinder anweisen in die Kirche zu gehen. Ja, so dachte ich ...

Jetzt, in diesem Augenblick aber kommt es mir so vor, als hätte ich viel Belangloses erzählt und die Fragen, die ich mir stellte und die Erinnerungen die kommen, wenn man arbeitet und der Tag still vorübergeht, sind sehr seltsam. Und da fällt mir noch etwas ein. Vor Jahren kaufte ich ein Buch, ich muß ehrlich gestehen, ich habe dieses Buch anstandshalber gekauft. Der Verfasser war ein guter Bekannter von uns. Gelesen jedoch hatte ich das Buch nie. Ich hatte zwar damit angefangen, aber der Inhalt war mir viel zu kompliziert. Um es in Ruhe zu lesen, fehlte mir wiederum die Zeit. So stand das Buch jahrelang achtlos im Regal, ohne daß irgend jemand davon Notiz genommen hätte. Es war dann im Januar 1983. Ich kam in das Zimmer meines Sohnes Vinzenz. Er saß auf der Couch und war in das Buch vertieft. So nebenbei fragte ich:

„Wie findest du das Buch?"

„Im Grunde gut", antwortete mein Sohn, „man muß sich einfach Zeit nehmen und sich hinein lesen."

Es war im Januar gewesen. Die Sonne schien auf den blütenweißen Schnee und reflektierte das Licht bis in Vinzenz Zimmer. Ich sehe meinen dunkelblonden Sohn immer noch da sitzen und ganz still und aufmerksam in jenem Buch lesen.

Ja, einige Monate, nachdem Vinzenz gestorben war, nahm ich mir dann die Zeit, trotz aller Hektik, und ich nahm mir sogar sehr viel Zeit um in demselben Buch zu lesen, das Vinzenz offensichtlich fasziniert hatte. Und da fand ich dann auch den Satz, den mein Sohn für seine Bemerkung im Spenderausweis ausgewählt hatte. Jetzt verstand ich alles. Und ich dachte, als ich die Treppe in den Hausflur hinab ging, um mit der Tagesarbeit fortzufahren, es ist sonderbar, wie verschlungen, ja wie seltsam und oft unfaßbar Gottes Wege sind.

Seit damals, als mein Sohn verunglückte und kurz darauf starb, verbindet sich für mich mit einem ganz bestimmten Tag eine doppelte Erinnerung und beide tun mir weh, denn ich verstehe die seltsame Verknüpfung als Gottes Wille, aber ich denke oft, es hätte anders kommen können.

Zwei Dinge sind es, die mir den 9. März zu einem unvergeßlichen Tag werden ließen. Zum einen, es ist mein Namenstag, das Fest der Heiligen Franziska von Rom. Sie war 1608 heilig gesprochen worden und gilt als Schutzpatronin der Frauen und Autofahrer.

Das Zweite, warum mich dieser Tag so tief berührt, ist für mich und meine Familie die schwerwiegende Tatsache, daß wir an diesem Tag unseren Vinzenz zu Grabe tragen mußten.

Schutzpatronin der Frauen und Autofahrer? Hier wirft sich in mir erneut die Frage auf: „Ist es wieder Zufall oder Schicksal?"

Als Kind habe ich mich immer so auf meinen Namenstag gefreut. Nicht, daß es große Geschenke gab! Nein, wo wären sie auch hergekommen? Die Tatsache, einmal im Jahr Mittelpunkt im Hause zu sein und, daß jeder einem die Hand gibt und sagt: „I wünsch' da ois guade zu deim Namensdaag, das't recht lang lebst und gsund bleibst." Das alleine war schon ein Geschenk und konnte ein Kinderherz vor Glück zum Überlaufen bringen. An diesem „meinem Tag" bekam ich immer von meiner „Muada" (Großmutter Therese Pfliegl) etwas besonderes zum Essen, ein „Oaschmalz", bestreut mit dem ersten wilden Schnittlauch, der im Obstgarten zu finden war. Vorwurfsvoll und mit einem bitteren Nachgeschmack fragte ich mich erneut: „Darf das Schicksal so gehässig sein, daß es dir schöne Kindheitserinnerungen zerstört und dafür eine tiefe Wunde bricht?"

Und so sah der Namenstag 1983 aus!

Eine große Menschenmenge versammelte sich im Wittibreuter Friedhof; ich habe sie alle gesehen und doch keinen. Das dumpfe Läuten der Glocken klang an mein Ohr. Am liebsten wäre ich mit Vinzenz gegangen. Ich höre noch die Worte Hochwürden Pfarrer Zirnbauer, als er sagte: „Es ist noch nicht lange her, da läuteten Hochzeitsglocken, man feierte gemeinsam mit Freunden und Verwandten, man war glücklich."

Vinzenz war damals Brautjunker bei Hermann und Mariannes Hochzeit gewesen. Abschließend meinte der Priester: „Es ist Gottes Wille, daß Freud und Leid so nahe beieinander liegen."

Am Grab war ein Meer von Blumen. Trotz ihrer Vielfalt und Schönheit schauderte mich. Ich dachte an diese eine Nacht, in der ich von so vielen Blumen träumte, und wie sehr mich dieser Traum in Angst und Schrecken versetzt hatte, obwohl Blumen doch im wirklichen Leben und in der Natur etwas so Schönes sind. Seither hatte ich Gottseidank nie mehr Träume dieser Art.

Es war ein warmer Frühlingstag, dieser 9. März. Die ganze Natur war in Aufbruchsstimmung. Als wir am späten Nachmittag noch einmal zum Grab kamen, summten Bienen, angelockt vom süßen Duft des Nektars und der wärmenden Sonnenstrahlen. Ein Spatz flog auf, der in einer Blumenschale nach etwas herum gepickt hatte. Das kleine ewige Licht am Fuße des Grabhügels trug seinen roten Schein zur Farbe der Blumen bei. Das Kerzenlicht vermittelte tiefe

Ruhe und Frieden. Aber zu welch traurigem Anlaß hatten wir das Licht anzünden müssen...
Und ich versprach meinem Buben, daß ich ihn nie im Dunkeln lassen, daß immer ein Lichtlein brennen würde. Wie heißt es doch so schön: „Wer im Gedächtnis seiner Lieben lebt, der ist nicht tot, er ist nur fern. Tot ist nur, wer vergessen wird."

Ich nahm schön langsam wieder am Leben teil, aber das bedeutete nicht, daß nicht eine Seite von mir einen Knick hatte wie in Büchern, in die Menschen ein Eselsohr hinein machen um eine besondere Stelle zu markieren.

Ich hörte meinem Mann zu, wenn er von den Bienen sprach, meiner Schwiegermutter, wenn sie von ihrer Kindheit, von ihren Verwandten und sonst so alte Geschichten aus ihrer Heimat Waldhof erzählte und ich sah, daß mein Sohn Hermann ein tüchtiger Bauer wurde. Aber wenn ich Geschirr spülte, oder den Garten pflegte, schienen mir die Tage dunkel überschattet, weil ich ein bestimmtes Gesicht nie wieder lachend auf mich zugehen sehen würde. Nie würde, und jetzt erst verstand ich, was ein „nie" wirklich bedeuten kann, nie würde Vinzenz in Wirklichkeit zurück kommen und ich verstand mit tiefer Verlassenheit in meinem Herzen, daß das Sterben, das wirklich einzig Endgültige im Leben eines Menschen ist.

Einige Monate nach dem Begräbnis entschlossen wir uns, an der Unfallstelle ein Marterl anzubringen. Wir hielten Rücksprache mit dem Straßen- und Wasserbauamt in Pfarrkirchen, da diese Strecke dem Landkreis unterstellt ist. Die Behörden zeigten sich mit unserem Vorhaben einverstanden. So kam es dann, daß wir den Schreinermeister Adolf Dippel aus Oberham beauftragten, ein Marterl für unseren Sohn anzufertigen. Was dieser Mann dann auch sehr sorgfältig und handwerklich gut gestaltete.

Da steht es nun, neben dem Buswartehäuschen, gegenüber dem Fußballfeld, dem Vinzenz große Liebe gegolten hatte. Lange Zeit war das Marterl Wind und Wetter schutzlos ausgeliefert, die Sonne gerbte das Holz und die Inschrift ist inzwischen schon etwas verblichen. Aber mit den Jahren wuchsen auch die Bäume, die von der Straßenmeisterei an den Böschungen gepflanzt wurden, so daß das Marterl vom Schatten eines Ahornbaumes geschützt wird.

Der Strassbauern Toni, (ein Ulberinger Original) hatte unseren Sohn Vinzenz sehr gern gehabt. Und nun goß er regelmäßig die Blumen an der Gedenkstätte, bis sein Gesundheitszustand es ihm nicht mehr erlaubte.

Die Begebenheit, die ich hier schildere, werde ich nie vergessen. Eines Tages kam ich zu dem Marterl, um Blumen zu gießen. Da sah ich zu meiner Überraschung, daß am Holzkreuz oben, unter dem Kupferdächlein, ein jungvermähltes Paar seine Hochzeitssträußchen angebracht hatte. Im ersten Augenblick war ich sehr betroffen. Doch im nächsten Augenblick schon habe ich mich darüber unendlich gefreut. Und zugleich spürte ich eine tiefe Traurigkeit in mir.

„Danke", wer immer es auch war, „danke" für diese liebe Geste des Andenkens, für dieses Zeichen der Freundschaft, auch über den Tod hinaus. Es tat mir so gut zu erfahren, daß Menschen in ihren glücklichsten Stunden auch an jemand denken, der nicht mehr unter uns sein kann, weil das Schicksal es anders wollte.

Oft, wenn ich das Gras auszupfe, oder die Blumenschale in Ordnung bringe, dann gehen meine Gedanken zurück zu jenem schrecklichen Tag. Wie ein Film läuft das ganze Geschehen wieder vor mir ab. Im Geiste sehe ich dann die Lichter von Polizei und Sanka, höre das Martinshorn... und Stimmen, die meinem Herzen weh tun...

Aber da steht der mittlerweile hoch gewachsene Ahornbaum neben dem Marterl und er spricht irgendwie mit mir. Leise, fast zärtlich rauscht der Wind durch seine Blätter. Es klingt wie eine ferne Melodie, wie ein Wiegenlied, sanft und heimelig. Ein anderes Mal wieder ist er stürmisch aufbrausend, als wollte der Wind allen Kund tun, welche Kräfte in ihm stecken. Dann fährt er gewaltig durch den Blätterwald, als wollte er sagen: „Ich bin ein wichtiges Element dieses Planeten. Wenn mein Schöpfer mich walten läßt, gerate ich außer Kontrolle. Und ich dachte an den Sturm Wibke, der sich 1990 sich unsere Wälder und Häuser zum Spielzeug auslieh.

Ob es nun der Eisregen war, der unsere Heimat in eine wunderschöne, aber gefährliche Glitzerwelt verzauberte, oder dieser eine Sturm, der von unserem Wohnhaus das Dach davon trug und es dann vor dem Bienenhaus zerbersten ließ. Es gibt so vieles, was die Erinnerung eines Menschen mitträgt. Seit Vinzenz Tod hatten wir uns eine ganz andere Zeitrechnung zurecht gelegt. Bei besonderen Ereignissen sagen wir bewußt oder auch unbewußt: „Das war vor Vinzenz und das war nachher...."

Und wieder einmal erinnerte ich mich daran, wie wir unsere „Blechhütte", einen Maschinenschuppen, abrissen. Sie war ein beliebter Spielplatz von Vinzenz und seinen Schulkameraden Richi, Friedl und Grasi gewesen. Längst sind seine Spielkameraden Ehemänner und Väter, ebenso wie die Freunde vom Sportverein und die Schulfreunde der Realschule. Ich kenne ihre schmucken Häuser, die blühenden Gärten, ihre Frauen und Kinder. Dann denke ich voll Wehmut, wo wohl das Haus meines Sohnes gestanden hätte? Sie alle haben ihr Glück gefunden, was ich ihnen auch von Herzen gönne und wünsche! Hoffe ich doch so sehr, daß auch mein Kind sein Glück gefunden hat...

Einen Steinwurf vom Marterl entfernt, auf der gegenüberliegenden Straßenseite befindet sich der Fußballplatz auf dem Vinzenz so gerne mit seinen Kameraden gespielt hatte. Ja, all das muß ich fast jedes Mal denken, wenn ich in die Kreuzung einfahre, die von der Hauptstraße aus hinauf zu unserem Hof führt. Meine Blicke suchen das Fußballfeld ab und meine Gedanken bleiben an jenem sechsten März 1983, dem Todestag meines Sohnes hängen. Wir kamen gerade vom Krankenhaus zurück, da rollte eben auf dem Fußballplatz das runde Leder. Ein anderer Spieler hatte Vinzenz Platz eingenommen und trug seine Trikotnummer. Vinzenz war so ein lebensbejahender und positiver Mensch gewesen. Er hätte bestimmt gesagt: „Schau Mama, das Spiel geht weiter und auch das Leben geht weiter, das ist schon ganz richtig so."

Ich habe das Kondolenzschreiben des TSV Ulbering in meinem Album auf die erste Seite gesetzt. Sein Spruch scheint mir sehr tröstlich: „Es ist bestimmt in Gottes Rat, daß man vom Liebsten, was man hat, muß scheiden."

Ich glaube, ich habe bestimmt auch im Sinne von Vinzenz gehandelt...

Noch im Sommer 1983 führte der TSV Ulbering das erste Gedächtnis Pokalturnier zum Andenken an seinen Sportkameraden Vinzenz durch. Ich kann mich an den Tag noch gut erinnern. Traurig war ich und dennoch freute mich die Veranstaltung, die zu Ehren und zum Andenken an unseren Sohn stattfand. Aus dem Archiv des Sportvereins bekam ich vom jetzigen Schriftführer Herrn Josef Krapf für mich wichtige Aufzeichnungen. Besonders den Spendern der Pokale möchte ich hier den Dank meiner Familie aussprechen. Den Initiatoren, den Spielern von damals und allen Helfern, die zu diesen Veranstaltungen ihr Bestes gaben. Ich weiß, der Dank kommt spät für ein paar aus ihrer Mitte schon zu spät. Aber es gibt eben Dinge im Leben, die brauchen Zeit zu reifen, Jahre können vergehen, bis man darüber sprechen oder wie in meinem Fall darüber schreiben kann, ohne Groll im Herzen, daß dieses traurige Verlusterlebnis der Anlaß ist.

Der Sommer ging seinem Ende zu. Mit den ersten bunten Blättern hielt der Herbst seinen Einzug. Die Tage wurden, wie es dem Puls der Natur entspricht, kürzer, stiller und bedrückender. Ehe ich es wahrhaben wollte, war der November mit seinem naßkaltem Wetter, seinen diesigen Nebeltagen und der zunehmenden winterlichen Dunkelheit da. Allerheiligen stand vor der Tür und die Grabpflege wurde den bevorstehenden Feiertagen entsprechend intensiver vorgenommen. Ist man im Frühjahr und Sommer bedacht, mit möglichst viel Blüten und Blumen die Gräber unserer Lieben zu schmücken, so hält man sich an Allerheiligen mehr an die stilleren, ruhigeren Farben.

Das erste Allerheiligen, an dem mein Sohn unter der Erde ruhte, war unendlich schwer für mich. Wie oft dachte ich, wenn nur dieser trübe November mit seinen Gedenktagen, Allerheiligen, Allerseelen, Totensonntag und Volkstrauertag schon hinter mir läge.

Da erlebte ich ein paar Tage vor Allerheiligen, als ich an unser Grab kam, eine freudige Überraschung. Ein schönes, zierliches Blumengesteck hatte jemand dort abgelegt. Der kleine Begleitzettel auf der Rückseite gab mir Auskunft. Da stand: „Zur Erinnerung" und dann die Unterschrift „Von Deinen Arbeitskolleginnen." Wir alle haben uns über diese Anteilnahme sehr gefreut. Jedes Jahr, es sind nun schon sehr viele, liegt an Allerheiligen ein lieber Gruß von den Arbeitskolleginnen auf unserem Grab.

Ich hatte schon erwähnt, daß man als Ortsbäuerin immer sehr gefordert ist, das heißt, wenn man etwas auf die Beine bringen möchte. In der ersten Zeit nach dem schrecklichen Geschehen mit Vinzenz, war es für mich unendlich hart, wieder mit etwas zu beginnen. Zum einen war mir klar, daß ich mich wieder engagieren mußte, zum anderen wollte ich keine Leute um mich sehen. Gar manches Mal kam der Ansporn von anderen Frauen, die mich baten, doch wieder einen Kurs, eine Fahrt oder irgend etwas in dieser Richtung zu unternehmen. Da waren dann die Tage ausgefüllt mit hektischer Betriebsamkeit, da gab es viel zu erledigen, das keinen Aufschub duldete. Jetzt im nachhinein denke ich oft, daß diese Tagesabläufe voller Aufgaben für mich sehr gut waren. Meine Großmutter sagte immer „Arbeit ist die beste Medizin." Und sie hatte recht. Meine Großmutter hatte wirklich gute Gründe dafür diese Meinung zu vertreten. Ich denke oft daran, daß sie fünfzehn Kinder geboren hat, von denen fünf Kinder sehr früh starben und daß sie ihre lebenden zehn Kinder zu wertvollen Menschen erzogen hat.

Als ihr Mann mit fünfzig Jahren starb, war ihr jüngstes Kind gerade neun Monate alt. Allein, mit den Kindern, lenkte sie die Geschicke des Forstöderhofes, daß dann auch noch die vier ältesten Söhne im Krieg waren, sagte ich ja schon.

Jetzt habe ich wieder einmal sehr weit ausgeholt und bin dabei vom Thema abgekommen. Eigentlich möchte ich es aber nicht als „abgekommen" bezeichnen. Ganz bewußt habe ich von meiner Großmutter erzählt. In dieser schweren Zeit, als unser Sohn von uns ging, habe ich viel an sie denken müssen. Ich war ein fröhliches Kind gewesen, lachte gerne und viel, ich genoß eben meine Kindheit mit all ihren schönen, unschuldigen Dingen. Da meinte die Großmutter gar manches Mal gedankenverloren: „Mei Dirndl, hoffentli muaß't amal net sovui drensn, wia'st lachst."

Dabei strich sie mir mit ihrer derben Bauernhand über meine blonde Haarrolle. Ich verstand damals den Sinn ihrer Worte noch nicht und erfreute mich ganz einfach meines Lebens. Nur ein einziges Mal, in all den Jahren, die ich bei ihr verlebte, habe ich meine Großmutter weinen sehen. Ein Sohn von ihr, Onkel Hans hatte Fronturlaub. Als dann wieder der Tag der Abreise kam und der jüngste ihrer Buben, Onkel Franz das Pferdegespann brachte, um seinen Bruder zum Bahnhof zu bringen, da schaute Großmutter dem Gefährt nach, bis es im nahen Wald ihren Blicken entschwand. Über ihr gerötetes Gesicht liefen Tränen wie kleine Sturzbäche, benetzten ihre Hände und ihre Schürze, die sie immer trug. Da nahm sie mich bei der Hand, wir gingen in die Stube und setzten uns auf das alte Kanapee, das neben dem grünen Kachelofen stand. Und Großmutter weinte und ich weinte mit ihr. Eine ganze Weile saßen wir so. In Haus und Hof rührte sich nichts, es war wie ausgestorben.

Als ich viele Jahrzehnte später beim Unfall meines Sohnes Vinzenz aus dem Krankenhaus heim kam und unsere Stube betrat, da dachte ich unwillkürlich an jenen Tag aus meiner Kindheit, als Hans wieder an die Front mußte und wie über allem die quälende Ungewißheit lag, ob er jemals wiederkommen würde. Und ich sah es in der Erinnerung noch einmal vor mir. Ruckartig war damals meine Großmutter aufgestanden, hatte sich mit der Schürze das nasse Gesicht getrocknet und war in die Küche hinaus gegangen. Dann hatte sie angefangen am großen Küchenherd zu hantieren, der den ganzen mittleren Teil des Raumes einnahm. Dieser große Herd in der Mitte eignete sich für uns Kinder auch gut zum „Fangermandlspiel". Besonders Tante Kathl, die jüngste Schwester meiner Mutter und ich versäumten hier keine Gelegenheit. Da glitt die Messingstange durch unsere Hände und sie glänzte dann jedes Mal wie pures Gold. Großmutter hatte geschwiegen und ich hatte gedacht, daß es wohl besser sei, keine Fragen zu stellen. Ja, das alles liegt eine Ewigkeit zurück und doch gleichen und wiederholen sich so viele Dinge in einem Menschenleben. Ich glaube, meine Großmutter war eine sehr tapfere Frau. Streng, aber gerecht war sie und manchmal unerbittlich in ihren Anforderungen an sich selbst und andere. Man sagt oft über Menschen wie sie: „Eine rauhe Schale, aber ein weicher guter Kern."

Trotz aller Sorgen und Nöte die sie hatte, schenkte sie mir eine glückliche, unbeschwerte Kindheit. Aus dieser Zeit möchte ich nicht einen Tag missen. Ihre Erinnerungen gehen mit mir durch alle Höhen und Tiefen meines eigenen Lebens. Manches Mal, wenn der rauhe Wind des Lebens mir ins Gesicht bläst, dann vermeine ich ihre Stimme zu hören und mir ist, als spürte ich ihre Hand auf meinem nun weißen Haar.

Nun, im November 1983 habe ich mich dann aufgerafft und wieder den ersten Kurs in meiner Arbeit als Ortsbäuerin abgehalten. Ich weiß nicht mehr wie er hieß, aber das ist auch nicht sehr wichtig. Mit siebzehn Teilnehmerinnen fuhr ich in die Hauswirtschaftsschule nach Pfarrkirchen. Es kostete mich zuerst einige Überwindung wieder damit zu beginnen. Aber das Leben ging weiter, wenn ich auch oft dachte, die Zeit müsse stehen bleiben, weil ich meinte, sie könne ohne meinen Buben gar nicht weitergehen und ich müsse sie irgendwie festhalten. Der Kurs wurde ein Erfolg. Die Frauen waren begeistert. Ich persönlich empfand Freude, daß ich diese Veranstaltung so gut zustande brachte. Im Stillen dankte ich dem Herrgott, daß ich außer meiner Arbeit als Bäuerin auch noch dieses Ehrenamt zu bewältigen hatte. Da kreuzen

Menschen deinen Weg, zerstreuen deine Gedanken oder geben ihnen eine andere Richtung und irgendwann richtet man den Blick wieder nach vorne.

Es kam der Dezember. Ein paar Tage vor Weihnachten dieses schrecklichen Jahres brachte uns der Postbote nochmals einen sehr lieben und tröstlichen Brief. Er war geschmückt mit kleinen Weihnachtssternen und seine Worte rührten meine Familie und mich sehr.

Hier ist ein kleiner kurzer Ausschnitt aus dem Inhalt:

„Lange Zeit liegt es zurück, daß ich das letzte Mal bei Ihnen war. Jedoch gedacht habe ich sehr oft an Sie. Ich hoffe, Sie alle überstehen die Feiertage gut und Gott stehe Ihnen bei, damit es nicht gar so schwer wird. Am Heiligen Abend, ein für Sie sicher schwerer Tage, werde ich fest an Sie denken und für Sie beten!" Die Unterschrift war C.M.

Daß diese Advents- und Weihnachtszeit und insbesondere der Heilige Abend für mich zu den traurigsten Stunden meines Lebens wurden, brauche ich nicht extra zu betonen. In diesem Jahr wollte ich ganz bewußt keinen Weihnachtsbaum in unserer Stube aufstellen. Ich wollte nicht den Glanz der Kugeln und das Flackern der Kerzenlichter sehen. Ganz still und dunkel sollte es sein, und ich wollte bald zu Bett gehen. Ich mied die Weihnachtsfeiern, ich konnte den feinen lieblichen Klang der Lieder nicht vertragen. Sie stimmten mich so traurig und machten mir das Herz so schwer. Die Weihnachtseinkäufe waren mir ein Greuel, der Piepston an den Kassen erinnerte mich so sehr an die Geräusche in der Intensivstation... Ich sagte ja schon, ich wollte keinen Weihnachtsbaum. Das wußte auch mein Mann. Aber kurz vor dem Mittagessen stand mein Mann dann doch mit zwei Christbäumen in der Stube. Eine große schlanke Tanne und ein kleines zierliches Bäumchen hatte er gebracht. Er meinte nur: „Den großen für uns und den Kleinen für den Friedhof."

So habe ich es auch dann gemacht. Als ich gegen Abend das Bäumchen auf dem Grab befestigte dachte ich, es ist richtig und es war gut, daß mein Mann die Bäume geholt hat. Das Leben soll und muß ja weitergehen.

Eine dicke dunkle Wolke verdeckte die letzten spärlichen Sonnenstrahlen, die diesem Tag sein Licht schenkten. Ganz sacht und leise begann es zu schneien. Fast ehrfürchtig, so kam es mir vor, berührten die Schneeflocken die geweihte Erde. Als ich den Friedhof verließ und das schmiedeeiserne Tor hinter mir schloß, da hatte sich eine feine Schneedecke wie ein Schleier ausgebreitet und hüllte bereits alles ein. Da dachte ich bei mir: „Tod und Schnee haben etwas gemeinsam, bei ihnen wird alles gleich."

Es war schon Stallzeit, als ich vom Friedhof heimkam. Meine Schuhe waren schneeverkrustet und ich stellte sie in die Schmutzkammer zum Trocknen. Plötzlich, als ich meine Schuhe so ansah, fiel mir eine Begebenheit aus einer ganz anderen Vorweihnachtszeit ein.

Meine Kinder waren noch klein gewesen und wir hatten in der Vergangenheit fast jede Weihnachtszeit darüber gemeinsam gelacht....

Während ihrer Kinderjahre kam für meine Buben jahrein jahraus der Nikolaus. Ich hatte dabei immer die Aufgabe den Heiligen Nikolaus zu machen. Routinemäßig sagte ich immer mein Verslein auf: „Draußen vom Walde komme ich her..." Während ich eindringlich mit meinen beiden Buben redete und sie an das Eine oder Andere gemahnte, stellte ich damals an jenem Nikolausabend fest, daß die Kinder ihre ganze Aufmerksamkeit nicht dem Besuch dieses sanften Heiligen, sondern eigentlich nur meinen Schuhen schenkten. Hermann grinste etwas verstohlen, für ihn schien das Geheimnis um St. Nikolaus gelüftet zu sein. Etwas später dann, als Nikolaus gegangen war und ich wieder die Stube betrat, sagte Vinzenz ganz treuherzig: „Mama, jetzt war gerade der Nikolaus da und er hat die gleichen Schuhe wie du, gell Hermann?"

„Ja", antwortete Hermann und lachte mich verschmitzt an. Und gerade heute, fiel mir diese kleine unschuldige Begebenheit wieder ein, weil ich im Winter auf unseren Landwegen immer die ältesten Schuhe trug die ich finden konnte.

In stiller Übereinkunft hatte es an diesem ersten Heiligen Abend nach Vinzenz Tod keiner besonders eilig mit der Stallarbeit schnell fertig zu werden, um in die Stube zu kommen. Es schien, als habe jeder von uns vor irgend etwas Angst. Man gab den Tieren das

„Geweihte", wie es in den Losnächten üblich war. Ach, es war so gut hier im Stall den Tieren zuzusehen... Und daß sich dann die Heilige Nacht nicht gar so traurig und schwer gestalten sollte, wie ich es befürchtete, dafür sorgte „Berta", eine schöne gelbgefleckte Kuh. Sie trug zum fünften Mal ein Kalb, das sie uns kurz vor Mitternacht bescherte.

Ja, es gab auch noch etwas Anderes. Etwas ganz Neues würde in unser Leben treten. Und in meine Trauer, die ich an diesem ersten Weihnachten ohne Vinzenz ganz besonders schmerzlich empfand, mischte sich ganz zaghaft die Freude auf unser erstes Enkelkind. Meine Schwiegertochter war guter Hoffnung und bald, sehr bald würde es so weit sein... Als dann am zweiten Januar ein kleines Mädchen, unsere Eva-Maria das Licht der Welt erblickte, da hatte der Christbaum wieder etwas von seinem Glanz zurück gewonnen, wenn auch in einer ganz anderen Bedeutung für mich als Mutter des verstorbenen Sohnes. Unsere Familie streckte eine lebendige Hand in die Zukunft und ich spürte, daß es etwas Schönes ist, um dieses „Werden" und für einen Augenblick erinnerte ich mich an Vinzenz und das erste Mal, als ich sein Gesicht sah. Ja, es war ein Trost und die Erinnerung an mein eigenes Kind, das nur so wenige Lebensjahre erleben durfte, trat einen Augenblick lang zurück und machte einer sanften Freude Platz...

Wenn man sehr viel Leid erlebt, so geht es mir wenigstens, fallen einem plötzlich Erinnerungen zu, die man ganz vergessen glaubte. Irgendwie war ein Teil von mir immer in der Vergangenheit meiner Kinder und suchte dort nach Begebenheiten.

Es war einmal bereits sehr spät am Abend gewesen. Von Simbach her war ein Gewitter aufgezogen. Immer näher war das Grollen des Donners zu hören und immer heftiger erhellten grelle Blitze den Abendhimmel. Der Wind setzte ein; ich konnte seine Stärke schlecht beurteilen, ich fand ihn fast orkanartig. Vom Dielenfenster aus beobachtete ich ängstlich das Treiben. Die Obstbäume bogen sich unter dem gewaltigen Sturm. Ich fürchtete schon um diesen und jenen Baum, von dem ich wußte, daß er schon sehr alt und der Stamm schon etwas morsch war. Auf einmal setzte der Regen ein und der Wind peitschte ihn gegen die Fensterscheiben. Plötzlich kam ein heftiger Windstoß, dann ein Ächzen und ein dumpfer Fall. Meine Vermutung hatte sich leider bestätigt. Ein Baum war vom Unwetter gefällt worden. Ich wartete auf den nächsten Blitz, um in seinem kurz aufzuckenden Leuchten herauszufinden, welcher Baum es gewesen war. Es hatte sich so nahe angehört. Zu meinem größten Bedauern stellte ich fest, daß es der große, schön gewachsene „Steiner Apfelbaum" war. Nun war ich wirklich sehr traurig, denn mit diesem Apfelbaum hatten wir ein lustiges Erlebnis mit unsren beiden Buben gehabt. Außerdem war der mächtige Baum im Frühling einer unserer Schönsten. Wenn er im Blütenkleid dastand, dann war er angezogen wie eine junge Braut. Als unsere Buben klein waren, gab es noch nicht die modernen Schaukel und wenn, dann wären sie für uns viel zu teuer gewesen. So machten wir uns den „Steiner" zu Nutze. Er bot uns ohnehin viele Vorteile. Seine unteren Äste waren sehr kräftig und weit ausladend, sie boten sich geradezu an, dort eine „Hutsch'n" anzubringen. Ein weiterer Vorteil war, daß er nur ein paar Meter gegenüber der Haustüre stand und vom Küchenfenster aus leicht zu beobachten war.

So lange Hermann alleine war reichte eine Schaukel aus. Ein Problem wurde es allerdings, als sein kleiner Bruder Vinzenz auch auf die Schaukel wollte. Im guten Einvernehmen wechselte man ab. Einmal jedoch kam es ganz anders. Von der Küche aus hörte ich die kleinen Streitereien, ich mischte mich jedoch nicht ein. Hermann verließ für kurze Zeit den Schaukelplatz. Als er wieder zurück kam, da hatte Vinzenz, dieser kleine Knirps die Sachlage für sich gelöst: Und was denken Sie, auf welche Art und Weise? Ich hoffe, er verzeiht mir, wenn ich erzähle, auf welche Idee er gekommen war. Er hatte auf das Schaukelbrett eine gehörige Portion brauner Masse gesetzt, die man im Wörterbuch unter „Exkremente" findet. Gleich darauf kam sein Bruder Hermann zu mir in die Küche und beklagte sich bitter, über diesen unfeinen Vorfall. Vinzenz jedoch deutete unbeeindruckt mit dem Finger auf die Schaukel und sagte in seinem kindlichen Kauderwelsch „du schaugen, haha."

Jedes Jahr, wenn die Obstbäume in voller Blüte stehen, vermisse ich den „Steiner" immer noch, besonders den feinen Duft seiner Blüten, den der Frühlingswind bis in unsere Stube trug.

Aber wir erlebten nicht nur lustige und schöne Erinnerungen mit der Schaukel am „Steiner Bam". Es war einige Tage vor der Hochzeit der Schwester meines Mannes. Wie das so ist, wenn ein besonderer Tag ins Haus steht, gibt es eine Menge zu erledigen, zu besorgen und eben auch viele Fahrten mit dem Auto. Vinzenz war damals zwei ein viertel Jahre alt und ein quicklebendiges Bürschchen. Der Bub saß auf der Schaukel, meine Schwägerin fuhr gerade mit dem Auto rückwärts und genau in diesem Moment sprang Vinzenz von der Schaukel und lief in Richtung Haustüre auf mich und meine Nachbarin zu. Sein Glück war, daß er stolperte und so blieb er dann zwischen den Rädern liegen. Die Schwägerin, war durch unser Geschrei und unsere Handzeichen aufmerksam geworden, fuhr wieder vorwärts, und da kam Vinzenz der kleine Knirps wieder zum Vorschein. Gott sei Dank, ohne Schaden und ohne Blessur. Der Schrecken saß uns in den Gliedern, wenn man bedenkt, was alles hätte sein können! Manchmal haben Schutzengel große Flügel und ein anderes Mal sind sie gar nicht da...

Kinder brauchen Schutzengel, sonst werden sie nicht groß. So sagt man und das mit Recht. Der Vorfall mit dem Auto war noch glimpflich abgelaufen, aber es dauerte nicht lange, und es passierte das nächste Mißgeschick. Dazu muß ich eigentlich sagen, daß ich als Mutter zu leichtsinnig gehandelt hatte. Es war an einem Vormittag, ich war gerade dabei den Kartoffelsalat für das Mittagessen anzurichten. Wir würzten unsere Gerichte immer mit Essigessenz. Diese ist sehr scharf und muß stark verdünnt werden. Die Flaschenöffnung gab, wahrscheinlich schon wegen des starken Säuregehaltes ihren Inhalt nur tropfenweise ab. Ich hatte den Essig aufgebraucht und stellte die leere Flasche auf das Fensterbrett im Hausflur, um sie dann später in den Glasabfallbehälter zu werfen. Das war ein großer Blechbehälter, den wir im Frühjahr und Herbst in Geißberg zu einer Entsorgungsstelle fuhren. Für unsere Buben war es eine Selbstverständlichkeit und ein Erlebnis bei dieser Fahrt mit dem Schlepper dabei zu sein. Ich mußte immer stark aufpassen, daß wir nicht mehr Zeug heimbrachten, als wir hinfuhren. Kinder können einfach alles brauchen und das primitivste Spielzeug ist gerade das schönste. Nun, zur Essigflasche. Sie stand keine halbe Stunde auf dem Fensterbrett und da war das Unglück schon passiert. Ein fürchterliches Schreien und Weinen drang vom Hof her zu mir in die Küche. Ich ließ alles liegen und lief hinaus in den Hof. Sofort war mir klar, was passiert war. Vinzenz hatte an der Öffnung der Flasche genuckelt und hatte im Mund schwere Verätzungen. Der verständigte Arzt überwies uns sofort nach Pfarrkirchen ins Krankenhaus, dort war Vinzenz eine ganze Woche lang in Behandlung. Damals waren noch Ordensschwestern in der Pflege und Betreuung der Kranken tätig. Sie erzählten uns, als sie Vinzenz die erste Mahlzeit brachten, es war eine Haferschleimsuppe, daß unser Bub den Kopf geschüttelt und ablehnend gesagt hatte: „Na, dös mag da Burner net!" Auf gutes Zureden der Schwester löffelte er dann doch etwas, da ihm ein Pudding als Nachtisch winkte. Diesen Vorfall und seine Folgen habe ich mir sehr zu Herzen genommen. Liest man nämlich die Zeitung, fragt man sich oft, wie kann das und jenes bloß passieren? Über gewisse Dinge ist man dann ganz entsetzt! Nicht selten ist die eigene Unzulänglichkeit die Ursache, die uns schlimme Folgen beschert. Ich machte mir lange Zeit Vorwürfe, was wäre gewesen, wenn...

Ja, wenn ich so zurück blicke, dann muß ich immer wieder daran denken, daß das Schicksal schon einige Male daran dachte, unser Sonntagskind wieder zu sich zunehmen und daß wir nicht wußten, daß sein Leben eine geborgte Zeit war...

Dann vergingen Jahre ohne besondere Ereignisse... Die Buben wuchsen heran und ehe man sich umschaute, war Vinzenz bereits sechs Jahre alt und ein ABC Schütze geworden. Es kam die Zeit, wo man sich über Schulanfang und Schule unterhielt. Der Osterhase war dazu auserwählt worden, den Schulranzen und die Schultüte zu liefern. Er sollte bewerkstelligen, die Freude auf den täglichen Besuch der Schule zu stärken. Aber weit gefehlt! Bei Vinzenz stieß ich buchstäblich auf Granit, wenn es um dieses Thema ging. Er sagte bestimmt und das zum x-ten Mal: „Nein, ich gehe nicht in die Schule." Schreibübungen lehnte er genauso strikt ab und wenn ich es dennoch schaffte ihm einen Bleistift in die Hand zu drücken, dann hielt er ihn so, daß ich jedes Mal froh war, wenn er ihn wieder weglegte. Ich war am verzweifeln. Was sollte das werden? Schließlich gab ich die Vorbereitungsübungen ganz auf und harrte der Dinge, die mich mit dem Schulbeginn erwarten würden.

Der September kam und mit ihm der erste Schultag. An diesem Tag war ich wahrscheinlich nervöser als mein Erstkläßler. Eine Stunde früher, als zu gewohnten Zeit stand ich auf. Mußte ich doch zuerst noch das Vieh versorgen und viele Kleinigkeiten erledigen, bis man dann soweit war, daß man zur Schule fahren konnte. Draußen hatte ich meine Arbeit schon erledigt, nun wollte ich das Frühstück vorbereiten. Ich kam in die Küche und da erlebte ich die Überraschung meines Lebens. Vinzenz stand fix und fertig angezogen neben Hermann und war marschbereit für die Schule. Am Abend vorher hatte er mir noch ernstlich versichert, daß er überhaupt niemals in die Schule gehen wollte. Die erste Schreibübung überraschte mich am selben Tag genauso angenehm. Ich sehe ihn noch vor mir sitzen, wie er die ersten Buchstaben mühevoll und genau auf die Schiefertafel malte. Trotz seiner vehementen Ablehnung gegenüber der Schule während seiner ganzen frühen Kindheit, wurde Vinzenz ein Schüler der uns nie die geringsten Probleme machte, vom ersten Schultag bis zum Berufsabschluß.

Unsere Buben fuhren immer mit dem Fahrrad zur Schule. Auch schlechtes Wetter störte sie nicht sonderlich. Das war für sie die selbstverständlichste Sache der Welt. Der Verkehr war damals noch nicht so dicht, darum hatten wir eigentlich nie daran gedacht, daß auch einmal etwas passieren könnte. Des öfteren habe ich meinen Söhnen nachgeschaut, bis sie in der Niederung beim Kreuzhölzl verschwanden. Doch eines Morgens, es war kurz vor Schulbeginn, haben uns Bekannte verständigt, daß Vinzenz mit dem Rad gestürzt sei. Sofort eilte ich zur Unfallstelle. Jede Menge Hautabschürfungen und eine Platzwunde am Schienbein waren das Ergebnis dieser Vollbremsung. Der Arzt versorgte die Platzwunde. Da Vinzenz starke Kopfschmerzen und Übelkeit verspürte, riet er uns, daß der Junge sich für den Rest des Tages flach hinlegen und ruhig verhalten solle. Es könnte gut sein, daß eine leichte Gehirnerschütterung vorliege. Bis zum Nachmittag dauerte gerade mal diese unerwünschte Ruhepause. Als dann auch noch ein Schulfreund kam, der von Hermann erfahren hatte, warum Vinzenz nicht in der Schule war, da konnte ich die „Ruhepause" vergessen. Vorsichtige Gehversuche und eine kleine Probefahrt mit dem Fahrrad, ob noch alles funktionsfähig sei, dann war dieses Dilemma wieder vorüber.

An all das muß ich wieder und immer wieder denken. Wenn der Sturm weht, wenn in der Zeitung steht, daß eine neue Generation sich aufmacht, um in die Schule zu gehen. Wenn ich lese, daß ein Unglück passierte und die Menschen davon sprechen, daß es unglaublich ist, wie dieses oder jenes passieren konnte.

Und es sind seitdem „viele Jahre ins Land gegangen", wie man so schön sagt. Aber wenn auch meine Haare anfingen grau zu werden und meine Enkeltochter Eva schon manchmal heimlich den Lippenstift ihrer Mutter ausprobierte, für mich blieb der Verlust meines Sohnes etwas, das ich mit mir trug und das mit mir ging, ohne daß es je wirklich aufhörte, weh zu tun. Und ich denke noch an etwas. Vor einiger Zeit habe ich von einer guten Bekannten ein Buch über „American Quilts" zum Lesen bekommen. Ich weiß nicht, ob Ihnen Quilts etwas sagen. Ich jedenfalls habe ihn mehr oder weniger in die Art Fleckerlteppiche zugeordnet. Nicht die gewebten, wie man sie in den Bauernstuben findet, sondern so wie sie mir aus Großmutters Zeit bekannt sind. Ein Aneinanderreihen der verschiedenen Stoffstücke, bis es etwas Ganzes ergibt. Eine große oder kleine Decke, wie es gerade jemand mag. Da war ich mit meiner Meinung über Quilts ganz schön schief gelegen. Schon beim oberflächlichem Durchblättern des Buches habe ich erkannt, daß ein echter Quilt eine Herzensangelegenheit ist. Es ist eine Handarbeit der Art, die mit Hingabe und Liebe angefertigt wird, nicht nur ein Zusammenfügen alter Stoffreste. Farbe, Muster und Beschaffenheit des Stoffes haben ihre Bedeutung und ihren bestimmten Platz. Das ist eigentlich der einfache Quilt. Ich nenne ihn so, weil es da noch einen anderen gibt. Den anderen nenne ich „Lebensquilt". Er wird auch aus Blöcken (so nennt man die Stoffteile) zusammen gestellt, aber auf jedem dieser Teile werden bestimmte Motive eingearbeitet, die dem Leben eines Menschen entnommen sind, der diesen Quilt erhalten soll. Das sind dann besonders wertvolle Stücke, die Mütter ihren Töchtern zur Aussteuer geben. So eine Decke wird weiter vererbt und hoch in Ehren gehalten, manchmal über Generationen hinweg. Dieser Quilt in meinem Buch ist eine sehr schöne Decke. Es muß ein glücklicher und erfolgreicher Mensch gewesen sein. Seine Blöcke strahlen viel Sonne und Blumen aus, eigentlich alles was so ein Menschenherz erfreut. Lange betrachte ich diesen „glücklichen" Quilt. Und ganz nebenbei frage ich mich selbst, was würde dein Lebensquilt alles wiedergeben? Ohne, daß ich es eigentlich wollte, baute ich vor meinem Auge meinen eigenen Quilt zusammen. Block um Block reihte ich aneinander. Aber er wird nicht so strahlend schön wie der „glückliche Quilt" in meinem Buch. Ich bringe so viel Schatten, so viele dunkle Wolken auf meine Decke. Und das Märchen mit dem Tränenkrüglein müßte ich auch einarbeiten. Seit ich daran denke, alles in den Quilt einzubringen, kommt es mir so vor, als wäre das Märchen für mich geschrieben worden. In der Geschichte war auch ein Kind gestorben und die Mutter weinte Tag und Nacht um ihre kleine Tochter. Bis eines Tages ihr Kind, in einem tropfnassen Kleid mit einem Wasserkrug, der so voll war, daß er bei jedem Schritt des Kindes überfloß, plötzlich im Zimmer stand. Die Mutter erschrak zu Tode. „Mein Gott, warum bist du so naß und was schleppst du da mit dir?"

„Mama", sagte das kleine Mädchen traurig und müde, „ich trage deine Tränen, du weinst so viel, daß mein Kleid naß ist und der Krug wird nicht leerer, sondern immer voller und er ist so schwer."

Da trocknete die Mutter ihre Tränen und nahm ihrem Kind den Krug ab.

„Ich werde nicht mehr weinen, das verspreche ich dir. Ich will endlich mein Schicksal auf mich nehmen und dich in Frieden dorthin gehen lassen, wo du jetzt bist, bis wir uns wiedersehen."

Dankbar küßte das kleine Mädchen seine Mutter und verschwand vor ihren Augen. Die Mutter aber nahm das Tränenkrüglein, leerte es aus und stellte es in den Schrank. Von da an, weinte sie nicht mehr um ihr Kind, sondern dachte nur noch an die Zeit, die sie mit ihrem Kind verbracht hatte.

Ich wußte, daß auch ich aufhören mußte mit dem Weinen um Vinzenz.

Ich schloß das Handarbeitsbuch und legte es beiseite. Da war es mir, als fordere mich eine innere Stimme auf: „Sei nicht so ungerecht und hadere nicht immer mit deinem Schicksal, auch du hättest Sonne auf deinem Quilt. Wäre nicht dein Hochzeitstag ein schönes Motiv auf einem Block? Oder die Geburt deiner beiden Söhne?" Die Söhne ja! Da gab ich dieser inneren Stimme recht. Aber der Hochzeitstag hätte turbulenter nicht beginnen können. Ein Landwirt in der Nähe meines Elternhauses fuhr mit seinem Traktor in mein Auto, als ich auf dem Heimweg vom Friseur war. Natürlich war das Auto kaputt, die Haare zerrauft...

Die Zeit lief mir davon und ich hatte Mühe meinen eigenen Hochzeitstermin nicht ganz zu verpassen. Ein schöner Anfang für einen neuen Lebensabschnitt. Die Stimme in mir bohrte weiter, unentwegt schlug sie Seiten in meinem Leben auf, die mir Freude bereitet hatten.

„Oder hast du vergessen, wie du dich gefreut hast, als ihr nach vielen Wochen harter Arbeit endlich in den neuen Stall einziehen konntet!"

Ich nickte in meine eigenen Gedanken hinein.

„Und wie glücklich warst du immer über die erfolgreiche Berufsausbildung deiner Söhne! Hast du deine Sternstunden in deinem Leben durch die Trauer um deinen Sohn nicht mehr wahrgenommen? Vinzenz will ja gar nicht, daß du traurig bist, er hat sich doch zu Lebzeiten bei jeder kleinen und großen Freude von Herzen mitgefreut. Das war sein Wesen, nichts anderes."

Da schloß ich die Augen und in Gedanken arbeitete ich wieder weiter an meinem Lebensquilt. Ich dachte an die Arbeit als Ortsbäuerin. Wieviel Freude hatte ich am Nähkurs. Wie lustig waren die zehn Abende beim Schwimmkurs in Braunau. All die Fahrten und Ausflüge. Die Kaffeekränzchen, Jahr für Jahr. Die Weihnachtsfeier der Ortsbäuerinnen, sie waren immer von schöner besinnlicher Art gewesen. Nicht zu vergessen die Handarbeitsausstellung 1991, bei der Landfrauen und der Frauenbund am Ende einige

Tausend Mark eingenommen hatten, die wir an unseren Kindergarten in Wittibreut übergeben konnten. Die Ausstellung war doch meine Idee gewesen und sollte ich mich nicht wirklich freuen, daß sie so ein großer Erfolg geworden war?

Oder die Sammlung für die Ukraine, vor der ich soviel Angst hatte?

Ja, es stimmt, auch mein Quilt ist von Licht durchflutet. Zwar nicht so, wie der „Glückliche" im Buch, aber immerhin!

Und die Stimme sprach weiter: „Weißt du noch, wie du dich gefreut hast, als das „Neue Blatt" dein Lesergedicht mit dem Titel „Glück läßt sich nicht erzwingen" veröffentlicht hat? Und dabei war es nur ein Vierzeiler mit den einfachen Wahrheiten:

„Glück läßt sich nicht erzwingen,
nicht kaufen, nicht erringen,
der Eine sucht es hoffnungslos,
dem Anderen fällt es in den Schoß."

Ich dachte plötzlich daran, daß ich dafür ein stolzes Honorar erhalten hatte.

„Nun, kannst du aus all diesen freudigen Erlebnissen nicht lebensbejahende Blöcke anfertigen?", fragte meine innere Stimme mich wieder.

„Ja, das kann ich schon!" Gebe ich ihr recht. Und in die Mitte meines Lebensquilts, in das große Rechteck, das von den verschiedenen Blöcken umrandet ist, würde ich den baltischen Spruch, den ich so liebte, einarbeiten:

„Wechselnde Pfade,
Schatten und Licht,
alles ist Gnade,
fürchte dich nicht!"

Ich glaube, er paßt wie kein anderer zu meinem Lebensquilt.

Über all den wechselnden Erinnerungen, der Arbeit, die nie aufhört, ist der Winter vergangen und es ist wieder März geworden. Ich hatte den ganzen Tag die letzten Kisten Äpfel aussortiert. Wir haben bei uns auf dem Hof besonders gute Obstsorten und auch der Rheinische Bonapfel wächst bei uns. Ja. Es ist die Zeit wie im Flug vergangen. Der Föhnwind und die schon sehr kräftige Märzsonne haben die schmutzigen Schneereste eher als sonst zum Schmelzen gebracht. In den Dachrinnen und Wasserschächten gluckst das Schmelzwasser, um dann wieder in den Kreislauf der Natur zurück zu kehren. Diesen Monat März, so schön wie er für andere auch sein mag, wenn alles erwacht, die ganze Natur und vielleicht auch so manches träumende Menschenherz. Mich macht dieser Monat immer schwermütig und so melancholisch. Besonders der Geruch der frischen Erde. Ich muß da immer an so vieles denken, daran ändert auch das aufkeimende Leben auf den Feldern und Wiesen nichts. Ein lautes, durchdringendes Motorengeräusch lenkt mich von meiner Arbeit ab. Ich lasse meine Äpfel liegen und schaue, was sich da tut. Ganz weit hinten am Horizont, knapp über den

Baumwipfeln sehe ich einen Punkt. Er wird von Minute zu Minute größer und auch seine Lautstärke nimmt noch beträchtlich zu. Jetzt erkenne ich genau, es ist ein Rettungshubschrauber des Roten Kreuzes. Er nimmt Kurs Richtung Süden. Sein Lichtsignal bedeutet wohl, daß es bei seinem Transport um Augenblicke geht, die über Leben oder Tod entscheiden. Ich schaue ihm nach, bis am Horizont nur noch eine winzige Silhouette zu sehen ist, die sich dann in Nichts auflöst. Wer immer dieser Mensch auch war, ich wünsche ihm alles Glück der Erde. Dabei dachte ich voll Wehmut und schweren Herzens an unseren Vinzenz. Auch ihn wollte man mit einem Hubschrauber in eine Spezialklinik bringen. Doch er war nie transportfähig. Auch an jenem Sonntag, den 6. März, sollte es zu einer Verlegung kommen. Draußen auf dem Landeplatz des Kreiskrankenhauses Pfarrkirchen wartete der Hubschrauber. Aber umsonst. Es durfte nicht sein. Da nützten auch die vielen Blutspenden und Blutkonserven nichts, die Polizei und Rotes Kreuz herbei holten. An der Herzrückwand war eine undichte Stelle und so kam es dann, wie es kommen mußte und mein Kind starb.

Nie hatte ich in all den Jahren einen Gedanken daran verloren, was eigentlich gewesen wäre, wenn mein Sohn überlebt hätte und schwerstbehindert und entstellt unter all den gesunden Menschen hätte leben müssen. Ich erinnere mich an ein Gespräch, das wir während einer Fahrt durch Pfarrkirchen führten. dazu muß ich folgendes Ereignis voraus schicken. Wir fuhren damals in Richtung Stadtplatz. Die Ampel stand auf rot und einige Fußgänger überquerten die Straße. Darunter war ein Mann. Er hinkte auffallend. Er benützte einen Gehstock und begleitet wurde er von einer älteren Frau. Ich nehme an, daß es seine Mutter war. Das Alter des Mannes war schlecht zu schätzen. Sein Gesicht war von Narben entstellt und hatte eine rötliche Farbe. Er wirkte unglücklich und verbittert oder vielleicht auch eine Spur der Enttäuschung glitt über seine Züge. Vinzenz sagte damals ganz unvermittelt zu mir: „Die Beiden sind mir bekannt, ich habe sie schon öfters gesehen. In der Mittagspause, wenn ich auf der Alleebank sitze, gehen sie im Alleeweg spazieren. Von einem Bekannten weiß ich, daß der Mann einen schweren Unfall hatte und dann hat ihm auch noch seine Freundin den Laufpaß gegeben." Die Ampel zeigte grün und wir fuhren weiter, entlang auf der Ringallee. Da sagte Vinzenz so nebenbei: „Hier habe ich die Beiden auch schon einmal gehen sehen. Er tut mir sehr leid. Und dann „nein, er schüttelte den Kopf dabei um seiner Meinung stärken Nachdruck zu geben, „wenn mir so ein Unglück passieren würde, da bitte ich den lieben Gott jetzt schon darum, daß er mich dann lieber sterben läßt, als daß ich so zerrüttet mein Leben auf mich nehmen müßte."

„Da magst du recht haben", sagte ich nachdenklich, „aber jeder möchte doch gerne leben."

Und in seiner Stimme schwang ein Klang von Härte mit, als er antwortete: „Wenn ich sage leben, dann meine ich auch leben! Nicht nur Essen, trinken und atmen und warten, bis mir jemand etwas Zeit schenkt."

Im Prinzip hatte mein Sohn ja recht. Aber von einer klaren Antwort drückte ich mich, in dem ich das Thema wechselte und dann dem Gespräch eine andere Richtung gab. Ich spürte, daß hier unsere Meinungen auseinander gingen.

Der Hubschrauber hatte mich unmittelbar aus der Gegenwart meiner Alltagsarbeit gerissen und in jene Vergangenheit versetzt, als mein Sohn und ich uns über dieses Thema unterhielten. Und nach all den Jahren geht mir das Gespräch mit Vinzenz durch den Kopf und ich betrachte es von allen Seiten. Ich sortierte die Äpfel mechanisch weiter und konnte doch nicht den Gedanken los lassen, daß mein Sohn nicht erleben mußte, daß er auf die Zeit, die ihm jemand schenken würde, angewiesen war. Er durfte oder konnte sterben. Und wir, die wir zurückbleiben versuchen die Rätsel zu lösen, die alle mit „wenn" beginnen und am Ende doch ohne Antwort bleiben.

Und es gibt noch ein anderes „wenn" in meinem Leben. Das mit mir geht und mich anspricht und manchmal mitten in der Arbeit, oder beim Essen wie ein laut gesprochener Gedanke am Tisch sitzt. Es ist ein Versprechen, das ich zur Zeit größter Not gab und bis heute nicht einlösen konnte.

Damals war ich jung und verliebt, als plötzlich mein Freund und späterer Ehemann Vinzenz an Wundstarrkrampf erkrankte und im Sterben lag. Details dieser Krankheit zu schildern ist mir nicht gegeben, nur soviel möchte ich sagen, die Sterbenden hören und sehen alles, aber sie können sich in keinster Weise bemerkbar machen. Im Krankenhaus schickte man den Friseur zu Vinzenz, und der, ein recht typischer Vertreter seines Berufsstandes, sagte trotz der Bitten der Krankenschwester „den rasiere ich auch zum letzten Mal." Die Ordensfrau legte wieder beschwörend den Finger auf die Lippen, aber das störte den Bader nicht. Und so seltsam es klingen mag, an Vinzenz wurde ein neues Medikament getestet. Er überlebte die schwere Krankheit und wurde wieder ganz gesund. Aber der Friseur stürzte einige Tage später unglücklich und war schon beerdigt, als mein Verlobter Vinzenz aus dem Krankenhaus entlassen wurde.

Zwei Tage nach der Krankenhausentlassung kam mein ältester Sohn Hermann auf die Welt und ich gab Gott und der Heiligen Muttergottes ein Versprechen, für alles Gute, was sie für meine kleine Familie getan hatten. Die Zeit verging, die Jahre verflogen, ohne daß ich mein Versprechen in die Tat umgesetzt hatte. Es blieb immer nur beim Vorsatz. Manchmal dachte ich, „fang einfach an", aber mir fehlte der Mut und ich hatte auch die Geldmittel nicht und wußte nicht, wie ich sie bekommen könnte.

Aber immer dann, wenn mit meinen Söhnen, inzwischen war auch schon Vinzenz junior geboren, etwas war, dachte ich daran, daß das Glück und Gottes Hilfe immer auf unserer Seite arbeiteten. Einmal zum Beispiel, machte Hermann eine Klettertour auf dem Strohboden des Stadels. Er ließ durch vermorschte Bretter seine kleinen Beine baumeln und es wäre unausdenkbar gewesen, wenn er von dort oben auf die Tenne herunter gefallen wäre. Und ein anderes Mal steckten sich die beiden Buben gegenseitig Weizenkörner in die Ohren, bis nichts mehr Platz hatte. Da war es höchste Zeit abends um neun den gutmütigen Hausarzt zu holen, der mit Hilfe einer großen Spritze und lauwarmen Wasser die Körner aus den Ohren spülte, die sich bereits zu entzünden begannen. Ja, da rief ich nach dem „Himmivata und der Himmimutta" und es wurde alles wieder recht.

Aber Versprechen, gleich welcher Art und besonders Versprechen Gott gegenüber, soll man mit großem Ernst machen und dann auch halten. Tut man es nicht, quälen einen Selbstvorwürfe und Gewissensbisse. Und man sagt sich, „es gibt da etwas, das du noch nicht erledigt hast." Und als dann mein Sohn Vinzenz tödlich verunglückte, sagte ich mir immer wieder, „du hattest 24 Jahre Zeit" und das Versprechen nicht gehalten, dieses „Eine" hast du immer vergessen...

Ich hatte nie gehandelt, da kann ich in der Erinnerung die Gedanken drehen und wenden, wie wir das Heu im Sommer wenden, „es ist noch ausständig", sagte meine innere Stimme und „es wird Zeit, daß du es angehst!"

Ich kenne diese Stimme in mir, ich kenne ihren Klang und Tonfall ganz genau. Ich höre sie, wenn viele Menschen sprechen genauso klar, als wäre ich allein in der Stube und mit einer stillen Arbeit beschäftigt. Ich höre sie vor dem Einschlafen und manchmal nachts im Traum erinnert sie mich daran, daß mein Versprechen noch offen ist. Ich denke auch, daß auf meinem Lebensquilt noch ein Block fehlt. Die Stimme ist unnachgiebig und verlangt von mir die Einhaltung dieses Versprechens. Und ich weiß, daß ich mein Versprechen einlösen werde, auch wenn ich inzwischen Vinzenz verlieren mußte. Aber ich habe noch wertvolle Menschen um mich, die mir unendlich viel bedeuten. Nein, ich muß meine Schulden bezahlen und ich werde den Block mit dem erfüllten Versprechen in meinen Lebensquilt einsetzen, genau dort, wo er hingehört. Ich glaube, daß Gott mir, wenn die Zeit kommt, einen Platz auf meinen Quilt zeigen wird, der wie kein anderer der einzig Richtige ist. Wenn ich zwar einerseits das Versprechen erwähne, andererseits aber nicht sage, was ich versprach, dann nur deshalb, weil es ein Wort zwischen Gott und mir ist und dort soll es gehütet sein, bis ich mein Versprechen erfüllen kann.

Im Laufe der Jahre hatte ich ab und zu gehört, daß es Begegnungstage geben sollte, an denen Menschen sich treffen, die auch so einen tiefen Verlust erlitten hatten. Durch Verwandte erfuhr ich schließlich mehr von diesen Begegnungstagen, von denen ich in all den Jahren vor Vinzenz Tod nicht das Geringste gewußt hatte.

Der erste Mai des Jahres 2000, war für mich ein sehr ereignisreicher Tag. Die Sonne schien und alles in der Natur erzählte vom Leben, Aufbruch und Lebensfreude- und kraft. Man konnte sich kaum vorstellen, daß es auch ganz andere Lebensabschnitte gab, voller Trauer und Verlassenheit.

Der Begegnungstag, an dem ich teilnehmen wollte, fand in diesem Jahr in Perach statt. Perach ist ein wunderschön gelegener Ort am Inn. Die meisten Menschen kennen ihn durch Seen, die zum Ausflugsgebiet von Altötting und Umgebung gehören. Das war dieses Mal der ausgewählte Ort. Wir waren eine kleine Gruppe von Menschen, die sich an diesem wunderschönen Maitag in ganz besonderer Weise dem Gedenken ihrer verstorbenen Kinder widmeten. Hier treffen Menschen zueinander, die sich im Grunde genommen ganz fremd sind, und doch soviel miteinander verbindet. Gleiches Leid und gleicher Schmerz über den Verlust eines lieben Menschen. Die Atmosphäre war gedämpft, fast möchte ich sagen, wirklich schwermütig. Begleitet wurde dieser Begegnungstag von Herrn Pfarrer Willeitner und einer Nonne.

Ein kleiner Steg führte uns bergabwärts in ein Jugendheim. Dort angekommen betreten wir eine Räumlichkeit, die für diesen Tag vorbereitet war. Eine große Bodenvase stand da, umrahmt von einigen Kerzen und Bruchstücken von Steinen schmückten die Mitte des Raumes. Im Raum selbst herrschte beklemmende Stille. Ich glaube es hörte jeder seinen eigenen Atem. Nach einer geruhsamen Zeit der Besinnung sprach Herr Pfarrer Willeitner mit einfühlsamen Worten zu uns. Ich persönlich habe diese Stunde der Einführung für den ersten Augenblick als sehr schwer empfunden.

Wenn man auf einem Bauernhof aufwächst, später dann einen Bauern heiratet und weit draußen auf dem Land nur in seinem Familienkreis lebt, ist man Fremden gegenüber verschlossen. Jetzt waren wir eine Gruppe von Fremden und es wurde erwartet, daß man über sich und sein Leid sprach, damit es wie ein hoch gezogenes Wehr, das sonst Wasser staut, vom Druck der Wortlosigkeit befreit wurde und anfangen konnte, abzufließen. Man hatte die Wahl zwischen verschiedenen Postkarten. Ich suchte mir eine aus, auf der eine Steinbrücke im Frühling zu sehen war. Darunter floß ein klarer blauer, sauberer kleiner Wasserlauf. Auf der Karte standen die Worte von Ignazio Silone „Miteinander zu sprechen ist besser als gegeneinander zu schweigen."

Ich las die Worte wieder und wieder und dachte mir, daß das die Wahrheit war, die ich auch verstand, aber aus dem Schweigen herauszutreten und sprechen war eine ganz andere Sache.
Zaghaft begannen wir uns von Pfarrer Willeitner führen zu lassen. Er hielt einen kleinen Gottesdienst ab und las folgende Geschichte vor:

Sammle Funken

Eines Tages wachte der Stamm der Navjos zur üblichen Morgenstunde auf, aber die Sonne war nicht aufgegangen. Sie sahen aber am dunklen Himmel, ganz weit weg, noch gelegentlich Funken aufleuchten.

Da sandten sie ein Stammesmitglied aus mit dem Auftrag:

Sammle uns alle diese Funken!

Mühsam sammelte er alle erreichbaren Funken und kam zurück nach geraumer Zeit.

Da versammelte sich der ganze Stamm und baute sich aus diesen verstreuten Funken, die die Überbleibsel der zerborstenen Sonne waren, eine neue strahlende Sonne.

Ich saß da und lauschte auf die Worte. Und ich spürte den anderen ging es nicht anders. Als das Schicksal uns ein Kind nahm, verlor die Sonne ihren Schein. Aber es gab noch Funken. Ja, das war wahr, wir mußten lernen, die Funken zu sammeln. Ich dachte einen Augenblick lang wieder an mein besonderes Sternenbild, den Drachen, auf dessen Kopf, wie ich schon früher sagte, wie ein Lichtfunken ein Winzling von einem Stern saß. Er konnte von dort oben bestimmt weit sehen. Manchmal, wenn ich die Schlafzimmerfenster schloß und zu ihm noch einmal hinauf sah, hatte ich das sichere Gefühl, er blickte zurück. Ja, das war der erste Funke. Da waren auch meine Familie, vor allem meine Enkel, mein Mann mit dem ich nun schon einen so langen guten Weg gegangen bin. Meine Mutter, unsere gemeinsamen Verwandten und Freunde, die ich alle sehr schätze und mag. Da ist meine Arbeit als Bäuerin, die ich eigentlich trotz aller Sorgen und Nöte, die so ein Betrieb mit sich bringt, nie als Last empfunden habe. Ich habe nach jedem vollbrachten Tagwerk immer eine stille Freude in mir verspürt, auch wenn es oft nicht so von Erfolg gekrönt war, wie ich es gerne gehabt hätte. Das alles wußte ich, würde zu meinen Funken werden. Aber ich tat mich schon immer so unendlich schwer, Menschen mit meinem Leid und mit meinen Sorgen zu belasten. Ich weiß es nicht, aber ich glaube, es ist ein Stück Selbstdisziplin die ich mir im Laufe meines Lebens angeeignet habe, meine Probleme für mich alleine zu lösen. Meine Tränen weine ich alleine, sie sind mein ganz persönlicher Privatbesitz und sie sollen niemanden stören oder gar betrüben. Ich war so schwerblütig. Aber ich war auch ein geduldiger Mensch. Ich würde lernen, die Funken zu sammeln, wie jener Indianer.

Während des ganzen Begegnungstages dachte ich immer wieder daran, daß ich sofort mit dem Tod meines Buben angefangen hatte, meine Gedanken aufzuschreiben. In meinem Tagebuch, es ist mehr das Tagebuch einer Mutter, als einer Frau, darin halte ich vieles fest, was mir wertvoll erscheint, und ich danke allen Menschen, die über so viele Jahre hinaus in lieber Erinnerung meines Sohnes gedenken.

Das gleiche trifft auch für den Sterbetag von Vinzenz zu. An diesem Jahrestag lasse ich immer ein Heiliges Amt lesen. Die Sportkameraden des TSV Ulbering besuchen jedes Jahr diesen Gedenkgottesdienst. Das weiß auch meine Familie sehr zu schätzen.

Jetzt erkenne ich, daß dies alles Funken sind, viele Funken, die den Schatten in meinem Leben brechen und kürzer werden lassen.

Der Begegnungstag war aus vielen Stufen aufgebaut, die uns aber alle zu Gott hinführen und uns Trost und Einsicht in das uns auferlegte Schicksal schenken sollten.

Der nächste Schritt war die Litanei zum Leben der Mutter Gottes. Bei uns zu Hause hatte man den Rosenkranz gebetet, wie in vielen bayerischen Familien. Und ich sagte es ja schon, als wir damals für meinen Sohn Vinzenz beteten, ließen wir einen Abend aus und ich fragte mich lange lange Zeit, ob das nicht falsch gewesen war. Jetzt aber hörte ich die Worte über das Leben Marias ganz anders, wie neu. Und es ging mir ein Licht auf, als ich der Litanei, die ganz langsam vorgetragen wurde folgte. Ich möchte Sie Ihnen nicht vorenthalten, denn es kann gut sein, daß jemand darin einen Trost findet, den er in anderen, größeren Worten vergeblich suchen würde. Sie finden sie im Anhang zu diesem Buch. Aber einen Satz möchte ich gleich hier hinstellen, er hat mich am meisten berührt.
„Maria sagte, ich bin nur ein kleines, unbedeutendes Geschöpf, aber Gott kennt mich." (Lk 48).

Das waren wir alle auch, einfache, unbedeutende Menschen, aber Gott hatte uns ein Schicksal zu tragen gegeben, das sehr schwer war. Und doch, da stand „Gott kennt mich." Das bekam für mich plötzlich einen ganz neuen geheimen Sinn. Und zu den Steinen, die schon auf dem Boden neben der Blumenvase lagen, rollte ein Stein von meiner Seele und ich

spürte ganz deutlich, daß sich meine Seele aufrichte-
te.

Später in der Liturgie, las jeder von uns einen Satz
aus einer Betrachtung. Der erste Satz lautete: In mei-
nem Leben ist viel Dunkel, laß mich in der Nacht die
Sterne sehen.
Ich schloß die Augen, als ein anderer aus der Gruppe
diesen Satz laut vorlas. Plötzlich verstand ich alles.
Es ging weiter mit dem Satz, „in meinem Leben ist
viel Mangel, laß mich im Wenigen die Fülle finden.
In meinem Leben ist viel Hunger, laß mich die Sehnsucht als Kraft erkennen.
In meinem Leben gibt es viele Verletzungen, laß die
Narben von der Hoffnung erzählen.
Und es gibt Träume, Wünsche, Erwartungen,
und Sehnsucht, Kraft und Mut
von dir geschaffen ist mein Dunkel, ist mein Traum,
ist meine Zuversicht,
bei dir ist all das aufgehoben, was geschah und nicht
geschah, was ich bin und nicht bin. Nimm du mich an,
damit ich mich annehmen kann.
Ich selbst las den Satz :"bei dir ist all das aufgehoben." Und noch ein Wort fiel mir ein, „denn siehe ich
bin bei dir, alle Tage, bis an das Ende der Welt."

Und so schwer mir die Vorstellung gefallen war, zum
Begegnungstag zu gehen, unter Fremden zu sein,
am Begegnungstag über mich zu sprechen, die
Begegnung mit noch mehr Leid der anderen zuzulas-
sen, es wurde ein Erlebnis, das ich seitdem immer

und immer wieder hervor hole. Ich tröste mich damit, daß ich an den einen oder anderen Menschen denke und meine Verlassenheit tut weniger weh oder anders.

Heute, nach dem Begegnungstag in Perach würde ich sagen, daß alles ein Funke ist, so klein und armselig er auch brennen mag. Man muß ihn nur aufsammeln und hüten, wie es die Navajo-Indianergeschichte erzählte. So gehen meine Gedanken spazieren. Nicht anders, wie auf einer Straße. Kommt etwas besonderes, verweilt man etwas länger. Wenn ich jetzt im Fotoalbum blättere sehe ich die Fotografien mit anderen Augen an. Da sind die Bilder der Schulabschlußfahrt nach Wien, 1978. Hier hatte Vinzenz herrliche Bilder geschossen. Das Riesenrad im Wiener Prater, Schloß Schönbrunn mit seinen weitläufigen Parkanlagen. Ein Storchennest mit Jungen. Das Gasthaus „Neun Teufel" hatte er wohl wegen dieses seltsamen Namens fotografiert.

Dann sind da die Bilder aus Rimini. Vinzenz sitzt vor einem Teller Muscheln. Hier scheint die Frage zu sein, soll ich oder soll ich lieber nicht? Und was ist da eigentlich passiert, daß sich sechs Kameraden die Nase zuhalten? Eine denkbar eindeutige Situation!
Der Skiausflug von Niedernsill! Die Bilder geben eine Heiterkeit von sich, wie man sie eben nur der Jugend zugestehen kann. Da ist dann Lofer 1982, die eingeschneite Skihütte, eine traumhafte Winterwelt. Und die Geburtstagsfeiern von Oberham und die Grillpar-

ties. Wenn ich so im Nachhinein die Bilder betrachte, muß ich sagen, daß Vinzenz ein fröhlicher Mensch war und bestimmt kein Kind von Traurigkeit. Der bunte Reigen dieser Fotografien ließe sich noch eine Weile fortsetzen.

Ist es Zufall oder Ironie des Schicksals, daß er seinen 21. Geburtstag detailliert aufgeführt und festgehalten hat? Ja wenn ich die Bilder ansehe, die zu Vinzenz letzten Geburtstag am 28. Januar 1983 gemacht wurden, fällt mir etwas auf. Da stehen die Namen seiner fünfzehn Gäste und dann schrieb er groß und mit festem Druck und doppelt unterstrichen darunter: 21 Jahre...
Es sieht so abschließend aus, so als hätte das Schicksal seine Hand geführt...

Und plötzlich vergingen die Tage und Wochen schneller. Und die Zeit, Anfang Juli, wenn bei uns die Johannisbeere gepflückt wird, war wieder gekommen. „Ribislzeit" sagen wir ganze einfach dazu. Ich sitze draußen bei den Stauden, nahe dem Bienenstand. Ein lauer, warmer Sommerwind trägt mir den Duft von Parcellia zu. Dieses feine süße Aroma ist es auch, was die Bienen so emsig und fleißig zur Arbeit anspornt. An ihren Füßchen tragen sie dicke, gelbe Pollen heim. (Der Imker sagt zärtlich, „sie haben Höschen an.") Der intensive Duft dieser Pflanze erinnert mich an ein Ereignis, das schon sehr viele Jahre zurück liegt. Das Johannisbeer pflücken ist eine ruhige und „staade" Arbeit. Es geht mir bestimmt wie vielen Menschen, die bei einer Arbeit ungestört sind. Während ich die saftig roten Trauben abzupfe, finde ich Zeit und Muse mit meinen Gedanken ein wenig in der Vergangenheit zu stöbern...

Vinzenz war vielleicht in der dritten oder vierten Klasse Volksschule. Er fütterte immer Kaninchen, um sein Taschengeld etwas aufzubessern. Es war eines Morgens, mein Mann hatte für die Kühe Perserklee, auch eine sehr duftende Futterpflanze vom Feld geholt und im Stall abgeladen. Vinzenz bückte sich und nahm einen Arm voll dieses schmackhaften Futters für seine Kaninchen. Im selben Moment schrie er laut auf und ließ das Futter wieder fallen. Irgend ein Insekt hatte ihn in die rechte Seite des Oberkörpers gestochen. Das komische war, daß der Einstich nur leicht gerötet war, während einige Minuten später die rechte Gesichtshälfte bis übers Auge sehr stark anschwoll. Ich ließ alles liegen und stehen und so schnell wir konnten fuhren wir ins Krankenhaus nach Simbach. Auf der Intensivstation bemühte man sich der Lage Herr zu werden. Eine Bienenallergie war es nicht, dessen war man sich sicher. Vermutlich irgend ein anderes Insekt, das sich im Futter befand. So ein blühendes Kleefeld ist ja geradezu ein Paradiesgarten, nicht nur für die Bienen. Es wurde ein langer Tag im Krankenhaus. Ich bin die ganze zeit bei meinem Sohn geblieben. Erst gegen Abend ist die Schwellung zurück gegangen. Als wir vom Krankenhaus heimfuhren, begann es schon zu dämmern und nur noch ein paar verirrte Sonnenstrahlen tauchten die Waldschneise in ein kärgliches Licht. Der Bub hatte eine ruhige Nacht und einen tiefen, erholsamen Schlaf. Beides zusammen ließ uns den nächsten Morgen wieder froh und munter beginnen.

Zu dem Sprichwort, daß Sonntagskinder besondere Glückskinder sind, möchte ich sagen „Irrtum vorbehalten." Vinzenz war in seiner Kindheit und später in seinen frühen Jugendjahren trotz seines durchtrainierten Körpers, im Gegensatz zu seinem Bruder Hermann, nicht von robuster Natur und leicht anfällig für Krankheiten. Es war kurz vor den großen Sommerferien, da verletzte Vinzenz sich mit einer Silogabel an der Ferse. Ich informierte unseren Hausarzt, dieser beruhigte mich und versicherte mir, daß der Tetanusschutz noch für drei Jahre reichen würde. Vinzenz bräuchte also normaler Weise keine neue oder zusätzliche Impfung. Wir desinfizierten die Ferse von Vinzenz mit einer Jodlösung und behandelten ihn dann weiter mit alten Hausrezepten, die aus Ur-Ur-Großelterns Zeiten bekannt sind. Also badeten wir den Fuß in „gstöckelter Milli" (dicksauere Milch) oder auch Quarkumschläge wendeten wir an, das nimmt die „Hitz'n", so sagt der Volksmund. Diese Methoden wurden bei uns häufig angewendet, wenn sich jemand mit der Gabel verletzt, oder in einen Nagel tritt. Bis zum Ferienbeginn fuhr ich ihn alle Tage zur Schule. Die Schmerzen an der Ferse wurden nicht leichter, sie nahmen eher noch zu.

Wir fuhren zum Hausarzt, dieser überwies uns sofort ins Krankenhaus Simbach, da seiner Meinung nach ein Öffnen der Wunde an der Ferse unvermeidlich war. Im Krankenhaus wurde gleich nach unserem Eintreffen ein Entlastungsschnitt durchgeführt. Der Arzt sagte mir, es sei lediglich etwas Eiter und ein winziges Schmutzteilchen zum Vorschein gekommen.

Ich weiß es noch so genau, als wäre es erst gestern gewesen. Wir gingen den langen Gang des Krankenhaus entlang dem Ausgang zu. Ganz unvermittelt wurde Vinzenz ohnmächtig und klappte zusammen. Der Pförtner holte Hilfe herbei. Zwei Krankenschwestern und der Stationsarzt bemühten sich um ihn. Etwas später kam der Chefarzt hinzu. Auf seine Anordnung mußte Vinzenz dann stationär im Krankenhaus bleiben. Das war der Anfang eines langen Krankenhausaufenthaltes, dieser Beginn der Sommerferien, die eigentlich keine mehr waren.

Das alles ereignete sich an einem Donnerstag. Als ich ihn am Freitag, das erste Mal besuchte, erklärte mir die Schwester, man habe heute noch einmal die Ferse geöffnet und es sei sehr viel Flüssigkeit heraus gekommen. Vinzenz war blaß und seine Schmerzen machten ihn müde und teilnahmslos. Ich hatte ihm sein Schulzeugnis mitgebracht, das es an diesem Tag gab, aber auch sein guter Notendurchschnitt konnte ihn nicht aufheitern. Die folgenden Tage liefen im selben Rhythmus und es war kein Anzeichen für eine Besserung zu sehen. Als wir ihn am Montag besuchten, erklärte uns der Arzt sie hätten vormittags noch eine Operation vornehmen müssen, dabei wurde durch die Ferse in Richtung Innenfuß eine Drainage gesetzt, die den Abfluß der Wundflüssigkeit gewährleisten solle. So ging es Tag für Tag und Woche um Woche schlich dahin, ohne daß eine merklich Besserung eintrat. Die Ernte war zwar schon eingebracht, aber trotzdem gab es auf dem Hof noch viel Arbeit. Wann immer ich es einrichten konnte fuhr ich zu meinem Buben ins Krankenhaus. Er war blaß und schmal geworden und um die Augen lagen dunkle Schatten. Ich war sehr beunruhigt, da fragte ich wieder den Arzt, ob denn nach so langer Zeit noch keine Besserung eintreten könnte! Ich sehe den Chefarzt noch vor mir sitzen. Er ließ einen Bleistift einige Male durch Zeigefinger und Daumen gleiten, so daß auf seiner Schreibtischplatte ein monotones Klopfzeichen zu hören war. Er hielt plötzlich inne und schaute mich sehr ernst an. Nachdenklich, langsam kam seine Antwort: „Meine liebe Frau, sind wir alle froh, daß ihr Junge lebt und seine beiden Beine hat." Er rückte seine Brille zurecht, dann begann er wieder zu reden, langsam und jedes Wort betonend: „Die Verletzung geht so tief, bis an den Fersenknochen, das alles braucht seine Zeit." Als ich das Sprechzimmer des Chefarztes verließ, zitterten meine Knie und mit einen Mal wurde mir bewußt, auf welch schmalem Grad wir standen; daß es eigentlich nicht einmal ein Seil zwischen Himmel und Erde war, sondern vielleicht nur ein dünner Faden. Bevor ich den Heimweg antrat, ging ich noch kurz in die Krankenhauskapelle. Ich setzte mich hin und weinte, beten konnte ich nicht! Meine Kehle war trocken und meine Gedanken jagten wie Pfeile durch meinen Kopf.

Endlich war der Tag gekommen, daß man die Drainage aus der Ferse entfernen konnte. Nun sollte der eigentliche Heilungsprozeß einsetzen. Das gestaltete sich äußerst schwierig. War eine Öffnung verheilt, so begann es auf der anderen Seite wieder zu nässen. So zog es sich wieder eine lange Zeit hin. Einmal, als ich ins Krankenhaus kam, bin ich sehr erschrocken. Vinzenz hatte am ganzen Körper dunkle, rote Flecken bekommen, in etwa der Größe und Form von einem fünf Mark Stück. Ich erkundigte mich bei der Stationsschwester. Sie erklärte mir, daß sei wahrscheinlich das Gift, das sich jetzt heraus arbeite. Diese Flecken wurden mit der Zeit hellbraun und begannen sich zu häuten. Nach endlos langer Zeit kam der ersehnte Tag, wo ich meinen Vinzenz aus dem Krankenhaus heim holen durfte. Es war zwar noch nicht alles verheilt, und er konnte sich nur mit Krücken fort bewegen. Er konnte noch keine Schuhe tragen und durfte auch die Ferse nicht belasten. Die von den Kindern so heiß geliebten Sommerferien waren längst vorbei. Der Herbst mit seinem „Altweibersommer" und seinen kühlen Frühnebeln hatte uns wieder eingeholt. Ich fuhr Vinzenz alle Tage zur Schule und holte ihn auch wieder ab. Am Abend gab es jeden Tag ein warmes Fußbad, das ich mit guter alter Kernseife zubereitete. So gingen der September und der Oktober ins Land, ohne daß sich der Zustand am Bein von Vinzenz wesentlich gebessert hätte. Neben der Arbeit

auf dem Hof, die im Herbst „aus dem Boden wächst", so pflegte mein Großvater immer zu sagen, galt meine große Sorge dem kranken Fuß meines Buben. Zwei Tage vor Allerheiligen konnten wir aufatmen. Die kleine Öffnung an der Ferse war verheilt, aber die Ferse selbst schmerzte noch sehr. Wir dachten alle, daß sich das sicher auch noch bald geben würde! Am Allerheiligen Tag klagte Vinzenz wieder über wahnsinnige Schmerzen, die Fußsohle war wieder stark gerötet. Wir fuhren zum Hausarzt. Der gute Dr. Grimm war entsetzt. Er nahm ein Skalpell und ritzte die Haut ein. Im Nu quoll ihm eine stinkende bräunliche Masse entgegen. Fast wollte es kein Ende nehmen. Die ganze Spannung der enorme Druck waren auf einmal gewichen. Vinzenz atmete auf und ich weiß noch wie er sagte: „Mei iatz is guad."
Da rannen mir und meinem Buben Tränen der Freude und Erleichterung über die Wangen. Nachdenklich meinte Dr. Grimm „Ja, das hätte noch schlimm ausgehen können." Er blätterte in seiner Karteikarte. Fast fünfzehn Wochen. Ein kleiner Stich, den man fast nicht sah - so eine immense Auswirkung, dann lächelte er und fuhr ihm mit der Hand übers Haar. Das waren heuer „schöne" Sommerferien, gell?", sagte er abschließend in seiner gutmütigen Art.

Nur noch ein paar Tage dauerte es, dann war die Wunde zugeheilt. Nach langer Zeit schnürte Vinzenz wieder seine Fußballschuhe und fuhr nach Ulbering zum Training.

Und ich saß immer noch im Garten und pflückte Staude um Staude ab. Und mit den Johannisbeeren pflücke ich Erinnerungen und verstehe, daß sie mich all diese Jahre nicht losgelassen haben. Sie drängen sich mir geradezu auf. Bringen mir Menschen zurück, die mit uns ein Stück des Weges gegangen sind, die unseren Alltag bereichert haben, die bei einer zünftigen Brotzeit mit uns lachten oder bei einer Tasse Kaffee aus ihrem Leben erzählten, Heiteres oder auch Trauriges, so wie es das Leben malt und der Tag einem bringt. Menschen, die mit uns weinten, als ein unbarmherziges Schicksal unseren Vinzenz forderte und sein junges Leben auslöschte. Die Familie Lorenz waren solche Menschen. Ihre Bekanntschaft, so absurd es klingen mag, war eine Krankenhausbekanntschaft von Vinzenz. Ich erinnere mich an den Tag, als er aus Pfarrkirchen von der Schule heimkam. Ganz heiser war seine Stimme, fast nicht wieder zu erkennen. Er sagte mir, sie hätten auf dem Sportgelände Dauerlauf geübt, dabei habe er zuviel kalte Luft eingeatmet. Es war auch wirklich kalt. Ein rauher später Novembertag, der uns den kommenden Winter schon ahnen ließ. Der starke Rauhreif verwandelte die ganze Natur in eine zauberhafte Märchenwelt. Schwer trugen die Bäume unter dieser Last. Es sah aus, als seien sie über und über mit Kristallen beladen. Sogar der Stacheldraht entlang der Weide war mit diesen funkelnden Gebilden geschmückt. Er sah aus, wie eine endlos lange Perlenschnur. Der stahlblaue Himmel verlieh diesem Panorama noch seinen besonderen Reiz.

Dieser schöne Novembertag konnte aber nicht darüber hinweg täuschen, daß sich Vinzenz schwer erkältet hatte. Auch heißer Tee mit Zitrone, sein Lieblingsgetränk an kalten Tagen konnte seinen Zustand nicht verbessern. Am nächsten Morgen suchten wir den Arzt auf. Nach gründlicher Untersuchung war die Diagnose „eine beginnende Lungenentzündung". Vinzenz wurde wieder nach Simbach ins Krankenhaus eingewiesen.

Am zweiten Tag seines Aufenthaltes im Krankenhaus bekam er einen Zimmergenossen, Herrn Lorenz. Ein älterer freundlicher Herr. Nach seinem Dialekt zu schließen war er aus Preußen. Er verneinte dies kategorisch, er und seine Frau sind in Berlin geboren und infolgedessen Berliner. Was ihn dazu bewog nicht mit Preuße bezeichnet zu werden konnten wir bei all den Jahren unserer Freundschaft nicht ergründen. Durch die gute medizinische Versorgung und häufiges inhalieren besserte sich der Zustand von Vinzenz verhältnismäßig schnell, er war den Umständen entsprechen soweit genesen, daß er seinem Zimmergenossen in einigen Dingen behilflich sein konnte. Das schätzte der Mann sehr und nahm es mit großer Dankbarkeit an. Zwischen den beiden Patienten entstand ein gutes freundschaftliches Verhältnis. Inzwischen lernten wir auch die Familie Lorenz näher kennen. Man beschloß sich in besseren Tagen, gemeint war in gesundem Zustand, sich gegenseitig zu besuchen, was dann auch zustande kam. So entwickelte sich im Laufe der Zeit eine Freundschaft, die über Jahre hinweg dauerte. Immer, wenn sie ihren Besuch ankündigten, dann meldete sich Frau Lorenz nur mit: „Wir kommen morgen hoch, paßt es euch" Fred läßt fragen, ob es wieder Rohrnudeln gibt?"

Das mit den Rohrnudeln hatte seine eigene Geschichte. Als Vinzenz im Krankenhaus war, hatte er sich einmal Zwetschgennudeln gewünscht. Natürlich hatte ich solche zubereitet und ich brachte ihm zwei Stück beim nächsten Besuch ins Krankenhaus mit. Herr Lorenz, übrigens der einzige Zimmergenosse von Vinzenz entfuhr ein langgezogenes „Aah", sieht der Kuchen aber fein aus!" Und ich kann mit Stolz versichern, sie sahen auch wirklich fein aus. Auf einem Bauernhof wird handfest gekocht, mit allem was der Hof hergibt. Und meine ganze Familie liebte die bäuerliche Kost mehr als alles andere. Für Menschen, die sich darunter nichts vorstellen können, möchte ich gerne beschreiben, wie Vinzenz Lieblingsmehlspeise aussah und gemacht wurde. Eine schöne Rohrnudel besteht aus drei Teilen. das ist die „Schmoin", der leicht glänzende Deckel. Glänzend deswegen, weil dieser Deckel mit Butter gefettet wird. Dann kommt der „Bimmen". Früher war er in Jahreszeiten, in denen es an frischen Obst fehlt, eine sehr trockene Angelegenheit. Heutzutage gibt es dank der Gefriertruhen das ganze Jahr Obst. Aber die Hauptsache der Rohrnudel ist das sogenannte „Reimi". Knusprig und goldbraun im Butterfett gebraten, stellt eine gute Rohrnudel jede Prinzregententorte in den Schatten. Und dazu gibt es gut gekühlte „gstöckelte

Milch." Jedes Mal wenn ich heute Rohrnudeln mache, denke ich daran, wie gerne Vinzenz sie mochte, und daß wir später der Familie Lorenz damit die größte Freude machen konnten. Und aus der Freundschaft die sich im Krankenhaus zwischen meinem Sohn und diesem älteren Ehepaar entwickelt hatte, entstand ganz langsam sogar eine geschäftliche Beziehung. Wann immer sie zu uns kamen, nahmen sie Kaninchen und Honig für sich und Freunde mit. Für sie waren wir eine Art Verwandtschaft durch Freundschaft geworden. Als dann das Unglück mit Vinzenz geschah, verständigte ich sie sofort. Tagtäglich riefen sie an und erkundigten sich nach seinem Befinden. Sie waren auch an jenem 6. März bei uns, als wir vom Krankenhaus heimkamen und unser tieftrauriges Schweigen mehr Antwort auf ihre bangen Blicke war, als Worte je zu sagen vermögen. Beide sind nun auch schon lange tot. Aber die Erinnerung an sie ist geblieben . Und heute noch denken wir gerne daran, wenn es Rohrnudeln gibt, daß mit Herrn Lorenz Bitte, eine probieren zu dürfen, damals das Eis gebrochen und daraus eine lebenslange Freundschaft entstanden war.

Plötzlich komme ich aus meinen Erinnerungen in den Alltag zurück. Längst hat die Sonne den Zenit überschritten. Schräg verstreut sie ihre Strahlen zwischen den Johannisbeerstauden. Ihr gleißendes Licht taucht die Ribisl in ein helles Purpurrot. „Ah", denke ich erschrocken, „ich werde heute nicht mehr fertig." Ich ertappe mich, wie meine Hände auf dem Eimer ruhen und ich in Gedanken durch die Vergangenheit meines Sohnes wandere und mit den Erinnerungen kommt auch plötzlich die schmerzhafte Erkenntnis, daß es nun bereits siebzehn Jahre sind, die mein Sohn auf dem Friedhof liegt. Und genauso plötzlich muß ich an einen Krug denken, den Vinzenz geschenkt bekam und der seitdem auf dem Regal steht. Es wird mir bewußt, daß ich, soviel ich auch nachdenke, nicht mehr weiß in welchem Jahr es gewesen war, daß er ihn erhalten hatte. Ich kann es fast nicht glauben, daß mir in der Erinnerung an meinen Sohn Zeit abhanden gekommen ist und ich weiß, daß ich noch heute diese Lücke auffüllen werde. Ich spüre, daß mir die ersten Tränen die Wangen herab rinnen. Im selben Augenblick höre ich meine Enkelin Michaela zur Brotzeit rufen. Schnell wische ich mit dem Handrücken über meine Augen, denn ich will nicht, daß jemand mich weinen sieht.

Während des Essens werfe ich immer wieder einen Blick auf diesen bunt bemalten Krug, der mit vielen anderen oben auf einem Regal steht. Gleich, so denke ich, wenn ich meine Arbeit im Haus und Stall getan habe, werde ich nachschauen von wann er genau ist. Es läßt mir keine Ruhe, daß ich so ein Jahr meines Sohnes nicht mehr seiner Zeit zuordnen kann. Am Abend dann habe ich gleich den kleinen Krug herunter geholt. Mit dem Zeigefinger wische ich die feine Staubschicht ab. Da kommt meine Enkelin Michaela zur Türe herein. Mit unverhohlener Neugier beginnt ein Frage und Antwortspiel.

„Oma, warum hast du ausgerechnet dieses Krügal herunter geholt?"

„Weil ich wissen will, was auf dem Deckel steht."

„Ja und was steht auf dem Deckel", fragt meine Enkelin mit großen Augen.

„Komm", antworte ich, „du kannst ja schon lesen. Magst du es mir vorlesen?"

Mit abgehackten Worten begann sie die eingravierten Worte zu lesen:

„Unserem Sportkameraden, TSV Ulbering, 1976.

„Und warum haben die das da hinein geschrieben?", fragt das kleine Mädchen nachdenklich und als ich eben antworten will, sagt sie „Oma und was sind Kameraden?"

So gut es geht erkläre ich das Ganze.

„Kameraden, Michaela, das sind Freunde."

In unserer Zeit ist das Wort etwas aus der Mode gekommen. wir sagen jetzt einfach Freunde. Aber ein altes, sehr bedeutungsvolles Lied kann uns den Sinn dieses Wortes näher bringen. Es lautet: „ Ich hatte einen Kameraden..."

Meine Michaela nickte altklug, aber ich kenne ja die Neugierde meiner kleinen Enkelin und ich weiß auch, daß dieses Fragespiel gründlich durchgezogen wird. Ich selbst habe ihr ja oft und oft gesagt: „Du mußt viel fragen, dann weißt du auch viel und lernst viel. Du mußt dich wegen deiner Fragen nicht zu schämen."

Nun war ich selber das Opfer meiner eigenen Philosophie geworden. Da schloß ich für einen kurzen Moment meine Augen, atmete einmal tief durch und dann nahm ich meine Enkelin bei der Hand und setzte mich mit ihr auf das Kanapee, gerade so, wie es einst meine Großmutter mit mir getan hatte, damals als der Onkel Hans wieder an die Front mußte. Und ich begann dem Kind zu erzählen, so wie andere Großmütter ihren Enkelkindern vielleicht Märchen erzählen.

„Es war einmal..."

Ganz nachdenklich und schweigsam ist meine Enkelin geworden, nur ihre lebhaften Augen verrieten mir, daß sie diese „echte Geschichte" sehr bewegte. Am Ende fragte sie leise und vorsichtig, so als habe sie Angst, es könnte etwas zerbrechen, „und er wurde wieder gesund und ist heimgekommen vom Krankenhaus, oder?"

„Ja", sagte ich damals schon" und ich fühlte, wie meine Augen warm und feucht wurden. Da stand ich vom Kanapee auf, stellte den Krug wieder auf seinen Platz und ging zum Küchenherd. Gleichzeitig rief meine Schwiegertochter nach ihrem Kind, daß es Zeit zum Schlafengehen sei. Ein schneller Gutenacht-Kuß und ich war mit meinen Gedanken alleine zurück geblieben. Aber ich hantierte nicht herum, sondern lehnte mich an die Ofenstange. 1976 also war das gewesen. da war Vinzenz vierzehn Jahre alt. Zwei Drittel seines Lebens hatte er damals bereits gelebt. Wenn wir das damals geahnt hätten, daß wir nur noch sieben gemeinsame Jahre miteinander verbringen durften! Was hätten wir da wohl alles getan! Oder was haben wir nicht getan, weil wir nicht die geringste Ahnung hatten, daß uns die Zeit durch die Finger lief. Und ich denke, welch große Freude Vinzenz an seinen Nichten Eva-Maria und Michaela und an seinem Neffen Markus gehabt hätte. Aber er hat ja nicht einmal etwas von ihrer Existenz gewußt, weil er bereits einige Jahre vor ihrer Geburt starb. Als meine Enkel noch kleiner waren, haben sie des öfteren gefragt: „Warum haben wir keine Onkel und Tanten? Wir haben auch keine Cousinen und Cousins! Alle Schulfreunde haben welche!"

Das war für mich immer eine bittere Frage. Anfangs war ich oft nicht in der Lage, das zu erklären, doch mit der Zeit lernt man auch, daß es Dinge gibt, denen man einfach nicht ausweichen kann und auch nicht ausweichen darf. So habe ich eben versucht zu erklären, soweit es möglich war und gehofft, daß sie die ganze Tragik begreifen konnten. Mit den Jahren haben sie gelernt, daß dieser Mensch, auch wenn er nicht mehr da ist, ein Teil unserer Familie bleiben wird. Meine Enkel haben wohl begriffen, daß es mir schwer fällt darüber zu sprechen und sie haben nicht mehr gefragt. Narben haben oft nur ein dünnes Häutchen und man muß sorgfältig mit ihnen umgehen.
Gedankenverloren lehne ich noch immer an der Ofenstange. Ich denke an meine Nichte Martina, die damals, als unser Vinzenz starb vier Jahre alt war. Zusammen mit meiner Mutter und ihrer Mama besuchten sie den frischen Grabhügel von Vinzenz. Da kramte die kleine Martina aus ihrem Manteltäschchen einen alten Wecker hervor. „Schau, ich habe ihm eine Uhr mitgebracht, daß er nicht so lange schläft und weiß, wann er aufstehen muß!"

Mit ihren kleinen Händchen wollte sie den alten Wecker hinter einem Blumengebinde verstecken. Meine Mutter und meine Schwägerin waren von diesem kindlichen Tun sehr berührt. Jetzt ist aus Martina eine hübsche junge Dame geworden, nach der sich manch fescher Bursche umdreht. Was mag in einem Kind vor sich gehen, um auf eine solche Idee zu kommen? Tief und klar wie ein Bergsee ist so eine Kinderseele, wie schade, daß wir sie so wenig ergründen können! Oft denke ich, ob sich Martina noch manchmal an ihr außergewöhnliches Geschenk an ihren Cousin erinnert?

Die Sommerbepflanzung an unserem Familiengrab war schon seit einiger Zeit erledigt. Die Margeriten mit ihren strahlenden Sternen und die leuchtend roten Geranien blühten um die Wette. Da spitzte ganz verstohlen, akkurat unter dem Kreuz, ein frisches junges Blatt heraus, eigentlich fast ganz versteckt unter dem dunkelgrünen Efeu. Da ich die Pflanze nicht kannte, ließ ich sie gedeihen, in der Hoffnung, daß vielleicht im Laufe des Sommers einmal eine schöne Blüte ihren Kelch der Sonne entgegen strecken würde. Ohne Brille fehlt einem einfach der richtige „Durchblick", wie die Optiker das in ihrer Branche nennen. So war es auch bei mir mit dieser Pflanze. Eines vormittags, ich hatte das Grab gegossen, sah ich, daß sich ein sonderbares Gewächs durch den Efeu seinen Weg bahnte.

„Jetzt ist es aber genug", dachte ich, „du wirst mir zu frech und mit einer Blüte hast du auch nichts im Sinn." Meine Hand suchte tastend unter dem Blättergewirr des Efeus nach dem Stengel der Pflanze. Mit einem kräftigen Zug löste ich das eigenwillige Gewächs aus dem Erdreich und hielt es in meiner Hand. Da staunte ich nicht schlecht! Eine große Walnuß war aufgesprungen und aus ihrer Schale drängte sich ein Sproß heraus. Natürlich freute ich mich. Ich behandelte das Pflänzchen wie ein rohes Ei, damit ja keine Erdkrume verloren ging und kein zarter Wurzelfaden verletzt wurde. Behutsam hüllte ich das Pflanzenkind in mein Taschentuch ein. Unser Herr Pfarrer Samereier kam gerade des Weges und so hatte er meinen Walnußsproß auch gesehen. Unwillkürlich mußte ich an das Gedicht von Theodor Fontane denken „Herr von Ribbeck auf Ribbeck im Havelland". Und weil mein Enkelsohn Markus es gerade in der Schule lernt, ist es mir wieder so geläufig wie zu meiner eigenen Schulzeit. Zuhause angekommen, suchte ich einen passenden Platz für meinen kleinen Nußbaum. Nach langem Überlegen wählte ich die Mitte des Hofes aus, nahe am Brunnen, den Wasser und Bäume bedeuten für mich Leben und Erholung. Da steht er nun, mein kleiner Zwerg und fürsorglich überwache ich sein junges Leben. Ich wünsche mir so sehr, daß er wächst und gedeiht. Denn Nüsse sind nicht nur gut, sie sind auch sehr gesund. Schon immer waren Nüsse so etwas wie eine Götterspeise und in der Antike wurden sie sogar die Frucht des Zeus genannt.

Manches Mal, wenn Tagträume meine Phantasie beflügeln, dann sehe ich meinen Walnußbaum bereits mit einer riesigen Krone weit ausladend und vor Kraft strotzend in unserem Hof stehen. Mit meinen Augen suche ich in seinem Blättergewirr die großen grünen Früchte zu erkennen. Ob ich wohl seine Früchte noch probieren darf?

Der Walnuß sagt man auch nach, sie sei ein Stärkungsmittel für das menschliche Gehirn. Tatsache ist, daß die Walnußhälfte eine Ähnlichkeit mit unserem Gehirn hat. Hier muß ich nebenbei bemerken, daß ich als Kind vielleicht ein paar Nüsse zu wenig aß, sonst hätte ich die Pflanze ja gleich an ihren Blättern erkennen müssen. Aber da ist mein Großvater schuld, er hat mir zu wenig Nüsse aufgeknackt. So lebt denn der Baum in meinen Träumen. Nur ein Narr wird fragen: „Was für ein Dummkopf hat dir diesen Platz gegeben? Oder der Baum steht mir im Weg, wir müssen ihn fällen." Vielleicht würde der Mensch auch denken, ich kann mit meinen Maschinen so schlecht an ihm vorüber. Außerdem nimmt er uns so viel Licht und ihm Herbst beschert er uns eine Menge Laub, das soviel Arbeit macht....
Ein naturverbundener, weiser Mensch aber wird sich in der heißen Mittagszeit unter dem Laubdach des Nußbaums neue Kraft für seine Tagesarbeit holen. Und er wird sich auf den Herbst und die Nüsse freuen, die er für seine Kinder sammeln und aufknacken wird. In seiner Freizeit aber wird jemand in seinem Schatten die Zeitung lesen, oder in einem alten vergilbten Buch blättern, das er beim Stöbern auf dem Dachboden oder irgendwo zwischen abgestellten

Hausrat gefunden hat. Vielleicht ist das Büchlein, „Das Tagebuch einer Mutter". Wer weiß es jetzt schon? Dann raunt und rauscht der Walnußbaum: „Ja, es stimmt schon, was da geschrieben steht. Unten im Dorf, nahe der Kirche, in dem kleinen stillen Haus mit der schwarzen Marmorwand, auf dem Gottesacker bin ich geboren worden. Genau dort, wo törichte Menschen sagen, hier sei das Ende des Lebens. Ein Tierchen hat mich dort vergraben, und eine unsichtbare Macht erweckte mich zum Leben. Eine Mutter, die das Grab ihres verunglückten Sohnes pflegte, nahm mich dann mit und pflanzte mich hier an diesem Platz ein..."

Und so wird sich der Kreis schließen. Mein Sohn, der jetzt schon so lange auf unserem Dorffriedhof schläft, hat uns ein Geschenk für die Zukunft gemacht. Das Nußbäumchen, das ich auf seinem Grab fand, steht nun zu Hause auf dem Bauernhof der einundzwanzig Jahre lang die Heimat von Vinzenz war. Vielleicht wird man mit den Jahren vergessen, wo der Baum herkam. Aber wer sagt denn, daß der Baum die Erinnerung nicht hütet, wenn ich einmal nicht mehr da bin.

Wir wissen doch so wenig über das wahre Leben. Ich aber habe verstanden, daß das Samenkorn in die Erde sinken muß, erst dann bringt es reiche Frucht...

Vinzenz konnte nicht bei uns bleiben. Ich aber bin mit meinen Gedanken und Erinnerungen bei ihm. Sie werden mir immer weh tun, aber sie tun heute anders weh, je näher die Zeit kommt, dorthin nachzugehen, wohin mir mein Sohn voraus gegangen ist.

Ich hoffe, daß alle, die mein Buch lesen verstehen, daß ich es für die Mütter schrieb, die mehr als alle anderen Familienmitglieder verlassen zurück bleiben, wenn ein Kind stirbt. Und ich hoffe, daß jeder die Hand spürt, die ich ausstrecke, wenn ich den Trost weitergebe, den wir täglich beten, aber kaum je verstehen:

„Herr, D e i n Wille geschehe..."

Was Vergangen, kehrt nicht wieder.
Aber ging es leuchtend nieder,
leuchtest lange noch zurück.

Litanei zum Marienleben

V   Maria hörte das Wort: Der Herr ist mit dir.
Du betende Frau im Hören und Antworten,
A   begleite auch uns im Hören und Antworten.
V   Maria sagte: Wie soll dies geschehen?
Du betende Frau in Angst und Zweifel,
A   begleite auch uns in Angst und Zweifel.
V   Maria sprach: An mir geschehe dein Wort.
Du verantwortungsbewusste Frau in der Entscheidung,
A   begleite auch uns in unserer Entscheidung.
V   Maria brach auf und ging eilends zu Elisabeth.
Du liebende Frau in der Begegnung und Freundschaft,
A   begleite auch uns in Begegnung und Freundschaft.
V   Maria sprach: Die Kleinen richtet er auf.
Du hoffende Frau im Bund mit den Armen,
A   begleite auch uns im Bund mit den Armen.
V   Josef wollte sie nicht in Schande bringen.
Du verlassene Frau in der Verwirrung und Krise,
A   begleite auch uns in der Verwirrung und Krise.
V   In Bethlehem war kein Platz für sie.
Du bescheidene Frau bei Zurückweisung und Ablehnung,
A   begleite auch uns in Zurückweisung und Ablehnung.
V   Die Hirten fanden Maria und das Kind.
Du glückliche Frau in der Nähe des Geheimnisses,
A   begleite auch uns auf dem Weg zum Geheimnis.
V   Simeon sagte: Deine Seele wird ein Schwert durchdringen.
Du mutige Frau in den Zumutungen Gottes,
A   begleite auch uns in den Zumutungen Gottes.
V   Der Stern führte die Weisen zum Kind und zur Mutter.
Du staunende Frau über die Zeichen der Zeit,
A   begleite auch uns durch die Zeichen der Zeit.
V   Der Engel sprach: Flieh nach Ägypten.
Du gläubige Frau in Nacht und Gefahr,
A   begleite auch uns in Nacht und Gefahr.
V   Maria sagte: Kind. warum hast du uns das angetan?
Du geduldige Frau in der Ungewißheit des Suchens,
A   begleite auch uns in der Ungewißheit des Suchens.

V	Maria bewahrte alles in ihrem Herzen.
	Du demütige Frau in der Ratlosigkeit des Herzens,
A	begleite auch uns in der Ratlosigkeit des Herzens.
V	Sie zogen hinab nach Nazareth.
	Du einfache Frau in der Gewöhnlichkeit des Alltags,
A	begleite auch uns in der Gewöhnlichkeit des Alltags.
V	Maria sprach: Was er euch sagt, das tut.
	Du gütige Frau in der Sorge für andere,
A	begleite auch uns in der Sorge für andere.
V	Jesus sagte: Wer ist meine Mutter?
	Du zuversichtliche Frau in den Spannungen des Lebens,
A	begleite auch uns in den Spannungen des Lebens.
V	Beim Kreuz Jesu stand seine Mutter Maria.
	Du standhafte Frau im Leiden und Sterben,
A	begleite auch uns im Leiden und Sterben.
V	Alle wurden vom Heiligen Geist erfüllt.
	Du geisterfüllte Frau in der Kirche deines Sohnes,
A	begleite auch uns in der Kirche deines Sohnes.
V	Gott, du hast uns den Weg Marias gezeigt von der Stunde ihrer Berufung in Nazareth bis zum Aufbruch der Kirche an Pfingsten. es ist der Weg einer einfachen und gläubigen Frau, der Weg einer standhaften Mutter.

Maria, ein begnadeter Mensch, hat von sich gesagt:
„Ich bin nur ein kleines, unbedeutendes Geschöpf,
aber Gott kennt mich." (Lk 48)
Gütiger Gott, die Geschichte Marias schenkt uns die
Erfahrung,
dass du auch uns kennst und liebst,
dass ihr Weg auch unser Weg ist:
ein Weg des Glaubens, der Hoffnung und der Geschwisterlichkeit durch deinen Sohn, Christus unseren
Herrn.
Amen.

Dieses Buch entstand in der Schreibwerkstatt

Christine Walton
Fährweg 6 a
84375 Seibersdorf am Inn

08571 920146
0178 2051523
e-Mail: Best-of-Ghana@freenet de

Nachwort:

Die Arbeit mit Frau Burner war ein Geschenk für mich. Es ist daraus eine Freundschaft entstanden, ähnlich dem kleinen Baum, der auf dem Friedhof zu leben begann und jetzt in Piering auf dem Hofplatz wächst.

Frau Burner hat das Buch geschrieben und ich habe nur begleitend an ihrer Seite gestanden. Aber wieder einmal, wie so oft davor in meinem Leben stellte ich fest, daß Herzensbildung durch nichts ersetzt werden kann. Mögen die Autoren auch der Meinung sein, daß sie mit großen Worten große Begebenheiten erzählen sollten, ich glaube fest verwurzelt, daß die Stille der Nährboden für Gedanken ist. Und die kleinen Wörter leichter dort anklopfen wo wir Bücher zu unseren Freunden werden lassen, an unseren Herzen.